中国社会科学院近代史研究所

民国文献丛刊

蒋梦麟 吴俊升 著

新潮
教育生涯一周甲

中华书局

图书在版编目(CIP)数据

新潮 教育生涯一周甲/蒋梦麟,吴俊升著. —北京:中华书局,2016.3
(中国社会科学院近代史研究所民国文献丛刊)
ISBN 978-7-101-11176-7

Ⅰ.新… Ⅱ.①蒋…②吴… Ⅲ.蒋梦麟(1886~1964)-自传 Ⅳ.K825.46

中国版本图书馆 CIP 数据核字(2015)第 186338 号

书 名	新潮 教育生涯一周甲	
著 者	蒋梦麟 吴俊升	
丛 书 名	中国社会科学院近代史研究所民国文献丛刊	
责任编辑	张荣国	
出版发行	中华书局	

　　　　　　(北京市丰台区太平桥西里 38 号　100073)
　　　　　　http://www.zhbc.com.cn
　　　　　　E-mail:zhbc@zhbc.com.cn

印 刷	北京市白帆印务有限公司	
版 次	2016 年 3 月北京第 1 版	
	2016 年 3 月北京第 1 次印刷	
规 格	开本/920×1250 毫米　1/32	
	印张 7½　插页 2　字数 130 千字	
印 数	1-4000 册	
国际书号	ISBN 978-7-101-11176-7	
定 价	32.00 元	

出版说明

　　文献史料是认识和研究历史的基础，民国史研究自不例外。为了给民国史研究者和爱好者提供史料利用上的便利，我局与中国社会科学院近代史研究所等学术机构合作，推出"民国文献丛刊"。

　　"民国文献丛刊"首批图书中，经台北传记文学出版社授权，列入了原属"传记文学丛书"和"传记文学丛刊"的一些作品，包括《刘汝明回忆录》、《银河忆往》、《逝者如斯集》、《颜惠庆自传》等十九种。

　　由于作品产生的时代背景和作者个人的政治立场的影响，一些作品中存在着比较明显的时代局限和政治色彩，一些个人视角的描述与评论，难免有不符合事实之处，反映了特定历史时期各派政治势力和社会组织之间错综复杂的关系。我们除了作必要的技术处理外，基本保留了作品原貌。希望各位读者在阅读和研究的过程中，着眼于其文献价值，辨析真伪，而获得本真的历史事实。

中华书局编辑部

二〇一四年七月

目 录

新　潮

关于《西潮》与《新潮》　刘绍唐/ 7

新潮 　/ 13

试为蔡先生写一篇简照　 / 55

蔡先生不朽　 / 59

追忆中山先生　 / 61

一个富有意义的人生　 / 67

忆孟真　 / 89

谈中国新文艺运动　/ 93

教育生涯一周甲

自　序/117

前　言/119

初习师范和任教小学/125

升学南京高师及东大和任教中学/133

法国留学及论文写作/155

北大任教及著述生涯/169

赴美考察与返国从政/185

再度出国考察与返国后教学与行政的交迭/207

庚戌自叙/231

新潮

蒋梦麟 著

作者于一九五八年在菲京马尼拉接受麦赛赛奖金发表演说时摄

一九五六年蒋公亲临台北市德惠街农复会宿舍，
为作者七十寿辰致贺

作者任农复会主委时陪同陈诚先生及胡适先生等视察台湾农村，
与一村妇合影

作者与梅贻琦、胡适二先生参加国立西南联合大学
台湾校友会时合影

关于《西潮》与《新潮》

刘绍唐

蒋梦麟先生逝世已三年多了，他的一本前半生的自传《西潮》，到现在还是最受知识青年欢迎的读物之一。

《西潮》原稿是用英文写的，据蒋先生说：他是在抗战期间任国立西南联合大学常委（联大为北大、清华、南开三校合组而成，三校校长均为联大常委，另两位常委为梅贻琦、张伯苓），在昆明利用躲警报的空闲，陆续写成的。那时日本飞机滥炸我国后方的重要城市，躲警报几乎变成许多人每天的固定"工作"。

他曾解释，他的初稿为什么用英文写作。因为躲警报不是在郊外，就是在防空洞内，没有桌椅等设备，经常是席地而坐。他随身携带铅笔和硬面的练习本，写中文需要郑重其事，颇为不便，于是他决定用英文来写。写英文有如自左至右画曲线一样，可以闭起眼睛不加思索的画下去。有时躲警报是在夜间，没有灯光也根本不容许开灯，他的写作仍可继续进行，只是写到t字与i字时，上面的一横与一点，没有办法写得准确。不过，后来将原稿交给美国耶鲁大学出版的时候，也并没有发生太大的困难。

蒋先生半个世纪以来，经常替国家负很重要的责任。他做过国民政府的第一任教育部长，做过很长时间（前后达十七年）的北京大学校长，一直到主持台湾农复会的工作，他始终是一个席不暇暖的忙人。他说，如果不是因为抗战期间躲警报，他不可能有时间、有闲情来写一部自传。

《西潮》英文本一九四五年在美国出版时，颇引起美国学术界的重视。哈佛大学远东研究部门曾经指定这本书作为重要的参考书之一。但是因为战乱的关系，国内读者却始终没有机会读到它。一直到一九五七年，距原书写作时间已经十五年、距英文本出版后的十二年，作者才计划把全书译为中文在国内发行。这个计划在两年之后，由台北《中华日报》正式出版，才告实现。

《西潮》中文本的出现，正是台湾被称为"文化沙漠"的时代，无疑地是一本具有重大吸引力与重大影响的书。在国内，特别是台湾农村青年，几乎人手一册。蒋先生时常提起被许多读他书的年轻人所感动的故事。这对他也是莫大的鼓舞，因此他下决心要续写他下半生的自传，并定名为《新潮》。

他在决定写《新潮》的时候说："以前我写《西潮》，那是讲外来的文化，所予我们中国的影响；现在我在这本《新潮》里，要讲的是中国文化因受外来文化的影响，自己所发生的种种变化。"可见在其计划中，《新潮》较《西潮》，尤为重要。

蒋先生是一个外柔内刚，说做即做的人。写《新潮》的计划一经决定，他便开始找人整理资料，并分向各方面进一步搜集资料。

写到抗战后期他在中国红十字会总会会长任内，目击当时兵役行政之腐败，曾言人之不敢言，向最高当局写了一个书面报告。事过二十几年，役政进步已有天壤之别，他很想把那个已成历史资料的原始报告，在他的《新潮》中发表出来。他为了找寻这份资料，特别写信给当时的"副总统兼行政院长"陈诚。陈氏经过多方的设法，终于没有使他失望，在旧档案中找到了他那份原始报告。立即抄寄一份给他，并亲笔覆他一信（见附图一，原报告见《新潮》第四章）。

一九六一年"五四"，他写过一篇《谈中国新文艺运动》的文章。不但在国内发表，而且把他译成英文准备在美国做一次学术演讲。在抵达美国以后就把原稿交给他的老朋友张君劢先生去看，并请张先生提供意见。张先生看过以后，果然提供了一些意见（见附图二），使他非常的高兴。这篇文章，蒋先生原拟加以改写，把它放在《新潮》里面。但最后在他的遗稿中发现时，可惜并未来得及做任何的修订。

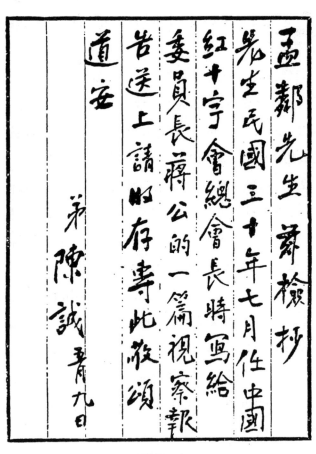

孟鄰先生 尊檢抄

先生民國三十年七月任中國

紅十字會總會長特寫給

委員長蔣公的一篇視察報

告送上請賜存壽此敬頌

道安

　　　　弟 陳誠青九日

(附图一)

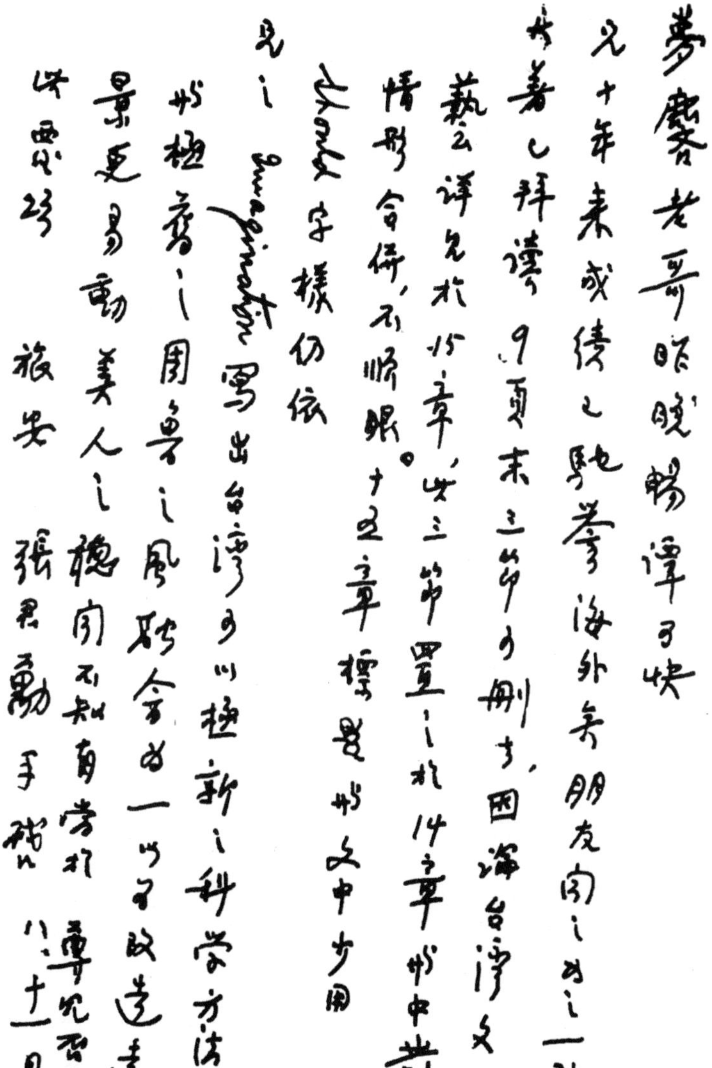
夢麐老哥：昨晚暢譚可快。
兄十年來成績之馳譽海外，為朋友間之為之一慰。
大著已拜讀，9頁末三節可刪去，因論台灣文
藝云詳見於15章，其三節置之於14章，所中共
情形合併，不順眼。十五章標題，所文中少用
Shade字樣，仍依
兄之imagination寫出台灣，可以極新之科學方法，
所擬齋之圖畫之風格合為一，此可改造遠
景，更易動美人之聽聞。不知有當於尊見否？專
此要說，敬安。張君勱手啟。八、十一月

（附圖二）

因为公务与健康的关系，蒋先生计划中的《新潮》并没有写完，而且仅仅是开了一个头。就已完篇的几章来说，也不能算做最后的定稿。最可惜他在遗稿中，尚有许多断断续续的写着充满人生经验与智慧的不完整的纸片，这是他在写作时一种灵感的纪录。现在已没有人能把这些残缺的篇章，照着蒋先生的原意把它继续完成了。

　　他在《新潮》引言中说："这本书里要讲的是一个人、一个民族、一个时代的经验。经验是宝贵的，可是宝贵的经验是付重大的代价买来的。"又说："我写这本书的用意，就是想把几十年的经验，传给现代的青年和后代的儿孙。我们这一代所经验的无限苦痛，希望可以为下一代的人们作指示和教训；当避免的要避免，当保存的要保存。当改进的要改进，当推翻的要推翻。"蒋先生这一番抱负和苦心，是非常值得钦敬的。可是，正当万千读者期待读他那"付重大的代价买来的"几十年的经验之书时，他却不幸逝世了。这无论对中国知识界以及他所念念不忘的青年一代，都是一种无法弥补的损失！

（原载《传记文学》第十一卷第二期）

新潮

引言

　　这本书里要讲的是一个人、一个民族、一个时代的经验。经验是宝贵的；可是宝贵的经验是付重大的代价买来的。个人的经验如此，一个民族、一个国家、一个时代的经验，也是如此。

　　鸟兽能把经验传给它们自己的儿女，可是影响本能的变化是很有限的。

　　小松鼠在秋天会跟着它们的父母挖地穴藏果物，小鸡在老母鸡的教导下懂得怎样逃避在天空的飞鹰，这些知识固然是从仿效得来的，但大部分却是本能的动作。

　　学习的"习"字解释为"鸟数数飞"。不断的学飞叫做习。"学"字含有原理的意思多，"习"字含有仿效的意思多，所以孔子说"学而时习之"，俗语通称"学习"，是含有两重意义的：一面根据思想而学，一面根据仿效而习。故人类的进步是靠学与习交互而行的。

学是学前人的经验，习是习前人的榜样。"以身作则"是说给人家可以练习的一个榜样。"格物致知"是指示一条求学的道路，在事事物物里求知识。

禽兽是靠本能生存的，而人类却能学能习，并将学到的和习成的经验传给后代。

我写这本书的用意，就是想把几十年的经验，传给现代的青年和后代的儿孙。我们这一代所经验的无限苦痛，希望可以为下一代的人们作指示和教训；当避免的要避免，当保存的要保存。当改进的要改进，当推翻的要推翻。

旧的忘不了，新的学不会，是我们过渡时代的人们的一个通病。左也不是，右也不是，中也不是，是人们一种的痛苦。

我们受了西方来的狂潮的激荡以后，国内一切思想制度都起了莫大的变化，势如洪涛汹涌澎湃！我们叫这变化为新潮。

以前我用英文写的一本书，名为《西潮》，是战后在美国出版的。后来又在台湾发行了中文本。《西潮》是写由西方来的外力影响了内部的变动；《新潮》是写内部自力的变动而形成的一股巨大潮流。虽然这种新潮的勃起，也可以说是受了西潮的激动，不过并不完全是受外来的影响，而是由内部自己发展起来的。"五四"前后北京大学学生罗家伦、傅斯年等发刊一本杂志，也叫《新潮》，当时英文译为"The Renaissance"，就是代表我国文化复兴的意义。当然本书采用《新潮》为名，是受了那本杂志的启示的，而且这新潮之掀起，北京大学是很有关系的。

著者大半光阴，在北京大学度过，在职之年，但知谨守蔡校长余绪，把学术自由的风气，维持不堕。最近十余年来，把"五四"运动所提倡的德先生（民主）与赛先生（科学）从象牙之塔的学府里，移植于台湾广大的农村里，而得显著的实效。因此又得了不同的经验。

著者现在且把这几十年来在大陆和在台湾的前后的经验写出来，希望供青年们参考和抉择。

青年们，不要想找万灵丹啊！因为世界上是没有服了能使百病消散的万灵丹的。我们要眼看天、脚踏地、看得远、站的稳、一步一步的前进、再前进！

第一章

我国自民国廿六年（一九三七）始，经八年之长期抗战，敌军铁骑所至，毁坏了广大乡村之生产组织，又因政府在西南西北大后方区域内征兵征粮，窒息了人力和物力。战事终了后数年，中美两同盟国政府，想把萧条而生产落后之中国农村，用近代科学方法，重新建设起来，于是合组了一个委员会，叫做中国农村复兴联合委员会，简称农复会。这个委员会的委员们，为了要了解农村的实际状况和问题，便包了飞机，计划了一个旅程，以南京为中心，分向全国各地作穿梭似的飞行。在考察的过程中，我们经常碰见我的学生来帮我们的忙。

有一次我们的包机临时在汉中降落；汉中据汉水上游，是盆地中心，故物产丰富，昔汉高祖因之以成帝业。我们一时心血来潮，想在这里推行农村建设工作。站在机场中瞩目四望，但见阡陌纵横，麦浪迎风，极视线而无际，当年诸葛亮便是屯军于此，北伐中原的。

因为是临时降落，事先未曾与当局接洽。正在徘徊之际，有一妙龄女郎迎面走来问我：

"校长，您为什么到这儿来？"

"你是哪一位？我们要找胡宗南将军。"

"我是您的学生，我们有好几个同学在机场里服务。听说胡宗南将军正在开军事会议，今天恐怕找不到他。"

于是有几位学生引导我们到一个小饭店。菜肴十分可口，餐后颇有齿颊留香之感。等到算账的时候，胡将军的副官已先付了账，使那几位学生因未做成东道而大为扫兴。

饭后即直飞兰州，大家因目的未达，不免失望，以后胡将军虽曾派代表来广州请我们再去，但我们已鼓不起勇气，婉辞谢绝了。

农复会的同仁们，尤其是美国的朋友们，觉得很奇怪，何以一个当过校长的人，有这么多的学生，几乎在全国各地的城市或乡间到处都会碰到。

另一次在飞机上，一位美国朋友同我开玩笑说："你在天空里难道还会碰见学生吗？"

"那是不会有的了！"我回答。话未说完，有一位制服整洁，身材高大的飞行员，走来向我恭恭敬敬的行了一个军礼，对着我叫了一声"校长"。

"你是哪一位？"我问。

"我是您的学生啊！"他回答。

"你怎会在这里？"

"我是副驾驶员。"

"你是几时学了飞行的？"

"是很早以前，校长保送我学航空的。"

这时我可抖了，我就很自豪地对机内同人们说："你们瞧，几十年苦校长不是白当的吧，苦有苦的报酬啊！"

谈笑间，飞机已接近台湾的上空了。

我们向窗外望去，但见海天一色，清波荡漾，云朵在晚霞中向后飞渡，使我不觉顺口吟出李商隐的两句诗："夕阳无限好，只是近黄昏！"

因为当时大陆情形，已够使人担心了！

正在沉思的时候，在斜阳普照的一幅美景里，松山机场已经在望。映入眼帘的，一边是丛林蓊郁的山峦，一边是阡陌纵横的田垄。虽然眼前风景如画，但当时我们所想的只是如何工作的问题。美丽的宝岛风光，只有留待将来再欣赏了。

回溯抗战初期，从台湾松山机场起飞的日本木更津飞机队，曾到杭州轰炸笕桥飞机场。他们派去五架轰炸机，却没有驱逐机保护。到了杭州以后，我们笕桥的防御人员当即迎战。五架敌机，竟打下了四架，另一架狼狈逃去，飞到绍兴附近，终于坠毁。我曾经到那边去看过，见到那跳伞降落的日本飞行员。我问他，他不肯说什么。以后他才跟管理他的我方人员说了，当五架日机从台湾起飞的时候，日方的司令官说："杭州方面没有高射炮，也没有驱逐机，你们放胆去炸好了。"

这时见到当年日军轰炸机基地的松山机场，不禁勾起我那段回忆，那时在杭州我还是第一次领教敌机轰炸的滋味，那恐怖的经验，竟使我永生难忘。

下机后，便有省政府派来接我们的人上前寒暄，然后登车驶入市区。我坐的那一部车子里，也有一位我以前的学生，他告诉我，这是省政府最好的一部汽车，专给我用的。他并很幽默地说："这部汽车，是以前的省主席夫人的座车，我们把它保留起来，今天给校长坐。"我笑了笑说："那位主席夫人是我的老朋友。"他听了谦恭地一笑，也便不讲什么话了。

汽车不久便到了圆山桥附近的一个政府招待所，我们就在那里安顿下来。当时已经有几位农业人员等在那里，报告台湾农业的近况，并讨论应该用什么方法来推行工作。后来我们到省政府去见省主席陈辞修先生，我们对他说，农复会的工作方针是两方面的，好像一把两面快的剑，一面用之于社会，以推行公平的分配；一面则运用近代的科学方法来增产。因为我们相信，只讲生产而不讲公平的分配，那么增加生产以后，会使富者愈富，贫者愈贫，结果必会造成社会的纠纷，不但于事无补，恐怕对整个社会而论，反而有害。如果只讲公平分配而不讲生产呢？结果等于分贫或均贫，而不是均富。我们的目的是要均富；均富并不是说平均分配，而是公平分配，使大家得到合乎公道的一份，不是使人人得到大小一样，轻重相等的一份。我们一方面讲公道，一方面讲生产，这就是我们的两边锋利的一把宝剑。这个政策，经我代表农复会说明之后，辞修先生听了非常赞成，说："好啊，我们很欢迎。"

我们又说，公平分配最要紧的是土地改革，那便是耕者有其田。要讲生产，就必须用近代的科学方法，否则生产量不会增加的。陈辞修先生说，他赞成这个办法，当他任湖北省政府主席时，也曾经作过土地改革，收效很大。所以他也想在台湾做。不过目前的台湾百废待举，单凭他一个人与政府的力量，恐不易做到。经费既不够，技术人材也不足，是不是农复会愿意帮忙？我当时就代表农复会说："只要省政府有推行土地改革的决心，农复会一定尽量帮忙。"主席说："好，我们就这样办吧！"

经我们在全国好多地方视察之后，深觉最重要的首推水利问题。土地必须有水，才能生产。至于其他各种生产方法，当然也应注意：台湾是亚热带地方，容易发生虫害，而且传布极速，应加强防治；还要注意肥料，改良旧品种，介绍新品种。不过，要增加生产，单靠技术和物质是不够的，组织农民也是不能忽视的一件事。我们曾经派人调查过，台湾有个日治时代留存的农会制度。不过这个农会掌握在地主手中，它的宗旨并非替农民谋福利，只是为以前的殖民政府在台湾调度粮食供给日本之用。实际上那只是政府收购粮食的一个机关，我们建议把这种农会改组。主席对我们的建议都很赞成。商讨结果，决定一方面将农会改组为真正农民的农会；一方面推行耕者有其田的政策。关于生产方面，则着重水利建设，注意施肥，因为台湾土地是没有大陆肥沃的。其余像防除病虫害，改良品种，以及各式各样的生产办法，我们都详尽地研究过，务求达到改善国民生活的目的。

离开省政府后，大家都觉得很愉快，感到这位省主席决断力很大，看来他的行政经验很丰富，我们可尽量和他合作，以推行土地改革和耕者有其田的计划。

由于这几个月的经验，我们深知政府方面如没有决心，那就什么事也不能做。现在省主席既然有此重大决心，我们对于在台湾实行土地改革的计划，和统筹的农业计划，都抱着很大的信心。

于是我们到各处调查了一下台湾的情形，又看了几个试验场，并与农业界人士会谈过，才乘飞机到了厦门。在鼓浪屿一个西式的旅馆里，我们开会讨论改进台湾农业与推行土地改革的办法。这时候我们的工作人员正在离厦门不远的龙岩县帮助土地改革的工作，已经有了相当的时间。据该县出来的人以及我们派去视察的人说，那里自土地改革以后，生产的能力增加了，农民的耕作兴趣也提高了，社会上忽然繁荣起来。因为人民有了属于自己的土地之后，都加倍努力耕作。农民们丰衣足食地显得很高兴，连土匪也没有了，熙熙攘攘的很太平。从这小地方看来，台湾若能够把土地改革办成功，也会一样的安定而富庶。目前台湾农村的进步和农民的快乐，在当时的龙岩县就已经看见具体而微的一部分；也因此增强了我们当时主张土地改革的信心，知道土地改革的政策，对国民的水准的确可以提高。

　　……同时在地方上发现"推行伪土地改革者，杀，杀，杀！"的标语。因为我们是一个国际团体，不得不终止前去。经开会讨论后，我们就飞往广州，又转飞成都，在那里研究四川土地改革的问题。当时的省主席王陵基先生，对于这件事情，也相当热心，赞成在那里进行土地改革。台湾做的是三七五减租，那儿做的是二五减租。二五减租与三七五减租，相差甚微。但今日台湾所实行的耕者有其田政策，就比较减租还要进一步了。那时候会里有两种意见，一部分人主张非土地改革不能振兴农村，还有一部分人却不赞成用土地改革的方式来改良农村。彼此虽然并未公开辩论，但对于解决中国农村问题却各有主张。至于美国委员方面的意见，似乎以为这个问题还是让中国委员们自己决定为是，故未公开表示赞成与否。不过在谈论之间，还是赞成土地改革的。中国委员们，虽然无人公开表示反对土地改革，但积极主张非如此不能复兴农村的却只有我们少数几个人。大概这少数人在那时候的言论举动过于积极，所以有一位委员在背后批评我们说："唉，那些人发神经病了，一天到晚，只知道讲土地改革。"后来在台湾时，有人对我说，因为我在广东中央政治会议中曾代表那少数人说过："你们广东地主们，现在不肯推行土地改革，将来共产党来了，不但你们的土地被夺去，连你们的头也会被杀下来。"所以有某君批评我说："糟了，这老头儿也变了。"

这老头儿的确是变了，他生长在拥有数百亩良田的小地主家庭里，但远在民国十七年的时候，他在浙江就跟在人家后面推行"二五"减租运动了。变了，时代变了。

我们少数人那样疯疯癫癫的言论和举动，毕竟感动了全体委员，都愿合力来推动土地改革。于是我们就包了飞机，飞到重庆，谒见张岳军长官请他帮忙。继飞回成都，劝王陵基主席从速推行"二五"减租。

王主席慷慨的说："好，我们就这样做罢，我先把我所有的一千多亩田，实行'二五'减租，不过问题在某巨公，他有好几千亩田呢。"他想了一会儿，就继续说道："有法子了，我自己实行后，就对他说，咱们先干了，老兄请你照办。不然，我就帮助你们的佃户，向你要求减租。他现在没有枪杆儿，不敢不赞成。"我们听了这番话，心里觉得好痛快。

有一天我们在四川乡下，坐了几顶轿子，视察农村情形。我和轿夫边走边谈。四川人都健谈，虽是贩夫走卒，也不例外，这就是所谓摆龙门阵。当时我问他们：

"你们这里减租了没有？"

"哦，听说有这回事，看见有告示，说要减租的。"

"减了没有？"

"啊！先生，政府的话，哪里靠得住？"

"要是真能减租，好不好？"

"那当然好极了！"

由于这一段短短的谈话，足证一般农民是多么拥护土地改革的政策！

到达目的地时，我的耳朵里似乎充满了人民微弱的呼声——"那——好——极——了。"这使我立下了一个志愿，一定要贯彻我们少数人的意志，把"二五"减租做成功。

于是我们留下一部分人在成都计划减租的办法。我则乘飞机自成都经桂林、广州到香港，停了一晚，第二天便飞向台湾。

那时台湾的土地改革政策，已完成了立法的程序。陈主席对省议会说："我一切事都听从民意，唯有这'三七五'减租案及联带的法案，务必请大家帮忙通过。"当然，握军政大权的主席，说那些话，到底含有几分"先礼后兵"的意义。

于是，省议会果然好好地通过了主席的提案。十几年后，回想起来，这个法案真正带来了台湾的安定与繁荣。

我在农复会台湾办事处，曾亲自拟了一张电稿，给成都王主席。我记得稿里有"吾兄当不让辞修兄专美于前"的一句话。

这是一个"请将不如激将"的办法。

第二天成都回电来了，其中有"一切当遵命办理"的一句谦虚话。

天下事只有少数人肯发神经病，把一件事似疯如狂的向前推进，终有达到目的的一天！

第二章

前面所说的土地改革的情形，足证少数人疯狂似的热忱，是促使一件事情成功的重要关键。但专靠热忱仍旧不够，还要明白所做的事与历史的关系。历史是无形的，看不见的。但它对个人、家庭、社会、国家都具有很大的影响力。所以我们要做一件事，尤其是比较重大的事情，一定要先弄清楚我们所负的使命是什么？看清楚这点，才不致失之毫厘，谬以千里。

我们对本身所担负的工作，先要有一种基本的看法，或者说应该根据一种基本的哲学。这就是全盘问题里最重要的原则。这样，不论工作或解决问题，均可循此原则进行。此外还要了解国际的大势，能看清这一点，那末你所做的一切，就不致于违反时代的精神。若反其道而行，就会和世界的趋势扞格难通的。

我们还该知道本身所处的环境其要求是什么？然后设法解决，而且要用科学的技术去解决它。谁都知道近世的进步与中古世纪的落后，其主因就是近世有科学的技术。用科学技术，一两个人在短时间内便可完成古代千百人耗费长时期才能完成的工作。所以东方的某些科学落后的国家，实应努力发展科学技术始能赶上时代！

除上述各点外，政府的态度，社会的舆论也是非常重要的。根据我这几年做事的经验，深感凡做一件事，如果得不到当局和社会上一般人的信任，即使成功，也是事倍功半的。反之必可事半功倍。这几年来，台湾农村建设的成功，这是一个主要的原因。

不过多产几十吨米，多养几百头猪，多出口几万斤橘子等等是看得见的有形的成绩；但在这些有形的成绩后面，还有许多看不见但更重要的因素，我将在这本书里，时时予以说明。

　　三十七年夏的一天早晨，我在南京红十字会总会办公室里办公时，来了一个电话，要我亲自接听。我拿起听筒先说道："我是蒋某人，你是哪一位？"我讲的是绍兴国语。对方一听我的绍兴国语，便用他的宁波国语回答说："这里是委员长公馆，委员长要请蒋先生中午来吃便饭。"绍兴官话和宁波官话大致相似，所以这几句话，彼此都听得很清楚，知道没有弄错。到了十二点钟，我赴约前往。进了委员长公馆，招呼客人的就领我到一间饭厅里去。这里是我很熟悉的地方，因为委员长常在此约我们吃饭的。当时我看到桌上有两付碗筷，一个主座，一个客座，已经安排好了。不到几秒钟，委员长便走出来，说："请坐、请坐，吃点便饭吧！"我就依言坐下去了。委员长接着说："我有一件事情，要请你去担任。"我问："什么事情啊？"他说："现在有一个中美共同组织的开发农村的委员会，请你去担任这个会的主任委员。"我说："委员长，我现在正在办行政院善后事业保管委员会，这个机构很大，凡是联合国援助我国抗战后期所剩下来的钱和物质，都由这个委员会处理，这已经够忙了，而且都是关于工业方面的工作，范围很大，从上海到成都，从北方到广州都在其内。"委员长说："这个我都知道，我要你担任这个农村工作，就是因为你担任工业工作的关系，农和工是不好分开的，我就是这个意思，你两个工作都要担任，这两个工作不能分离的。"我也没有客气，就说："委员长要我担任，我就担任了。"他说："你有什么意见没有？"
我当即回答："我有点意见。"于是我说道："农村建设如果
不从改革土地着手，只是维持现状，是不会成功的。"委员长
点头道："对了，你有什么办法？"我说："我希望划出一个地
区做试验，实行土地改革。"委员长问我："你要划出什么地
方？"我说："我想划出无锡来，因为无锡是一个已经半工业
化的县份，那个地方有资本家、有地主，而无锡的地主不一定
靠土地生活，所以把他们的土地拿来做土地改革，他们也不
致于激烈反对。"委员长马上同意地说："哦！那可以的。"我
又补充道："我指定无锡，还有一个理由，因为土地改革是要
地主拿出土地来的，虽然无锡已相当工业化，但要地主们拿出
土地来，总好像是与虎谋皮，不是容易办到的事。那是可能要
用兵力来打老虎。无锡与南京邻近，容易派兵，将来我们试验
的时候，如果需用兵，不知委员长是不是可以派兵？"委员长
果断地说："可以，要用兵的时候，当然派兵。好了，就这样做
吧！其余的事情慢慢地想。你去负责任，要什么人你去派，派
了之后，你和行政院长商量好了，不必跟我说，我事情也忙，这
件事情，就请你全权去办吧。"

　　"全权去办"这几个字，今天回想起来，已经十二年了。这
十二年之中，当局对于农复会的工作和一班负责工作的人，只
有信任，没有一点怀疑。所以我说，得到政府的信任，是最重
要的事。假如政府不信任，不但土地改革的问题不能解决，其

他一切事情，也都会办不通的。

读前文，足证促成农村建设成功的几个重要因素，其形成绝非偶然。我们参考着历史，根据基本哲学，采用近代科学的技术，再适应着社会的环境，随时随地的研究，时时与当局保持联络，十一年余来，没有一天间断过，松懈过。我在本书里，不但要写农复会在台湾的工作情形，同时还追溯一部分过去的事。这样写法，才能使读者明白我们工作的过程，以及农复会所负的使命。

农复会的基本哲学，前面已经说过。一方面要公平解决社会分配的问题，也就是所谓社会公道的问题；一方面要采用近代的科学技术来解决各种生产问题。我们从事农村工作的目的，是为大多数人谋幸福，而不是为少数人谋利益。这个想法从何而来呢？这也是一个偶然的事。往往有好多偶然的事，会发展为一个时代的历史。

一九四七年我在伦敦参加一个国际学会，有一天这会里推举两个人出来说话，一个代表西方的，就是现在很有名的英国历史家汤因比（Toynbee）。另一个代表东方说话的，他们推举了我。汤因比当时说的话，我现在还记得。他把俄国与美国作了个比较。说："现在世界上有两个问题，一个是社会公道的问题，换句话说，就是人民福利的问题；另一个是国防问题，也就是一个国家维持军备的费用问题。这两个问题常常互相冲突。如着重社会公道或社会福利，就得牺牲国防的经费。反之，如着重国防，就不能不牺牲多数人民的利益。"他并举了两个例子说："一个是俄国，正在拼命地建设国防，所以不得不把人民的福利牺牲了，因此现在俄国的人民生活得很苦。可是美国就不同了，他们在大战以后，便解散了庞大的军队，积极建设起各种公共事业，为大多数人民谋幸福，以彻底维持社会公道。"他又说："现在这个世界好像一个沉下去的船，大家都想找一个比较安全的地方立足。"这个意思很明白，船沉了，哪里都是不安全的。

汤因比讲完后便让我讲。我开头说："如果世界像一条沉下去的船，那末中国就正在这只船的最不安全的一面。"我说这句话的时候，大家都很注意的听着。这话是我偶然冲口说出来的，事前并未细想。不过记得离开南京的时候，有一次我和陈果夫先生谈天时说过："果夫先生啊！现在情形真不对了，这个政府要僵掉了，什么事情也办不通，我们要做一件事，真吃力啊！简直推不动。在行政院两年的经验，我真够苦了。我曾经和委员长说过，好多事情办不通，僵极了。他问我为什么僵极了，我一时又说不出来。只觉得僵得很厉害，简直不能动了！"后来果夫先生说："唉！你这话是对的，我们大家再跟委员长去谈谈罢。"我说："既经僵了，他也没有办法。不过我们再去谈谈，倒也不妨。"后来我即匆匆起程赴伦敦，并没有找委员长再谈过，但我心里总想着如这个问题不能解决，就会影响整个中国的问题，这形成一团阴影，一直存在我的潜意识里，所以当时轮到我说话的时候，便不自觉地冲口而出。

国防啊！社会公道啊！从此便常在我耳边无声地呼喊着，并不断地提醒着我。以后我就把"社会公道"保留了。而将"国防"改为"科学技术"生产。但是我没有把经过的原委向委员们说明。农复会的委员们接受了我的建议，遂定为农复会的基本政策——即一面讲公平分配，一面讲生产。

第三章

土地问题是我国历史上改朝换代最重要的一个原因。汉、唐、宋、元、明、清历代末期的变动，都是由农村问题引起。最早的我不讲它了，让我从汉朝讲起。

汉太学生贾谊有几句话，说明当时土地与人民的关系。他说："富者田连阡陌，贫者无立锥之地。"从这两句话里，可知当时田地都集中在豪富手里，真正耕种的农民，反而一点土地都没有。这种情形，到西汉末年尤为显著。王莽知道情势严重，便想把土地问题，作个彻底的解决，于是拟定了一个土地政策，把天下所有的土地统统收归国有。但这种土地国有政策很糟，无论是大地主、小地主，以及佃农，群起反对，不满的情绪日益高涨，他们说我要地啊！土地被国家收去以后，人民全都没有地，是不智之举，所以后来人民终于起来反抗，结果造成了西汉末年的大乱。

后来到了北魏、唐，对于土地问题，有了一个相当好的解决办法，那就是所谓授田办法。一个人出生后，便授与一份田地，男女都有规定的数量。这样暂时算解决了问题。但是等到人口增多，土地就不敷分配了，等到国家已没有田再授给人民的时候，就只好让人民自由去买卖，结果又回到"富者田连阡陌，贫者无立锥之地"的情况。

我出生于小地主家庭，家里有几百亩良田，虽然是祖宗积下来的，但是我们就靠祖宗的这点遗产，不劳而获，坐享其成。在这种土地制度之下，有些人弄点鸦片抽抽，有些人读读书，去参加科举考试，有些人游荡着无所事事。社会里有了一个不劳而获的阶级，就会造成人心的不平，又因要保存资本的安全，土地就变为一种资本，购买土地成了保存家产的一个最好办法。

列代的叛乱以及朝代的改变，大都是因土地问题引起的。洪杨之乱时，洪秀全的太平军有一个号召："跟着来，大家有田了！"大家分到田，当然谁都高兴。于是大家都跟了去。不过等到大局安定了以后，土地问题就不谈了。这是什么缘故？因为起初一般百姓为了得到土地，跟了去。等到打进了城，放肆的机会来了，女子玉帛，任由大家抢掠一番。一抢就糟了，这班乡下来的人，从此再不肯回田间去了。他们心想，何必要种地呢，乡下老婆又丑又笨，城里人的老婆又美又伶俐，一抢就抢来了，只要当兵，女子玉帛都有了，还种什么地。而且每次朝代换了之后，人口减少，好多人被杀掉，地也就足够分配了。

据说，关于湖南湘绣的来历，还有一段有趣的故事。我们知道刺绣中最讲究的是江苏的苏绣。湘绣的得名是因战事而来。太平天国的时候，政府军里多半是湖南人，所以后来有所谓"无湘不成军"的话。我们在大陆的时候，军队里也是湖南人多。刺绣这东西，本来是苏州人的特长。这班湖南人，脾气憨憨的，怎会刺绣呢？但这是有道理的。当战事结束，曾国藩把军队解散，这班三湘子弟也带了抢来或娶去的苏州老婆回去了。苏州老婆到了湖南，把苏绣传开来，便成了湘绣。

譬如在浙江於潜、昌化两地，在洪秀全战乱以后，土地没有人种。因为太平军到浙江来，是从於潜、昌化进来的。沿路的农民，被太平军掳的掳，杀的杀，以致过了好几十年，人口还是不够，土地因此也都荒废了。那时候政府想了一个绝妙的办法，就是以田地分配给犯罪的人作为刑罚。譬如一个人犯了罪，县知事便判道"好，你犯罪了，罚你领二十亩地去。"这个乡下人说："大老爷！求求你开恩，给我领两亩吧，我不要二十亩啊！"大老爷说："那末你拿十亩去！"这现象我们一定觉得很奇怪，为什么给了田人家不要呢？殊不知这个田要用本钱去开辟的。试想一二十年没有耕种过的田，已长满了野草，要开辟当然是非常困难的，同时人民死于战争太多，能出劳力的人手不够，何况有了田便要付税，这个税可受不了。土地问题本来是很复杂的，每次朝代变更之后，人们何以便把这个问题忘了呢？这是因为人口减少，本来要土地的人，好多已经死掉了。又等到太平若干年以后，人口日渐增多，土地的分配又发生了困难。所以农村问题，尤其是土地问题，永远是中国祸乱循环的原因。

中山先生倡耕者有其田，就是看到历史上这个重要问题的症结所在，想要解决它。起初我不明白中山先生为什么特别重视耕者有其田，后来我到广东去工作才明白了。中国土地制度之坏莫过于中山县。有一次我在广州碰到孙哲生先生，我说："哲生兄！你老太爷中山先生提倡耕者有其田，可是你们中山县土地制度最坏了。普通的比较正常的办法所谓'五五'，是地主得五成，佃农得五成。后来慢慢改为三七，地主得七成，佃农得三成，甚至一九都有，那就是地主得九成，佃农得一成。试问农民生活哪得不苦？他们住在茅屋里边，穷得连粥也没得喝，幸亏中山县鱼产丰富，他们可以利用农闲时去捕鱼，否则叫他们怎么生活呢？"中山先生因为看见农民生活困苦，所以提倡耕者有其田，是有他的社会背景的。有一次中山先生问梁士诒先生："燕荪先生，袁项城赞成土地改革是什么缘故？"梁士诒说："那是当然的，因为北方土地生产力量差，而大多数农民都有他们自己的土地，所以人们认为耕者有其田是当然的。袁项城又怎么会反对呢？"我国南方和北方的情形不同，当我们到陕西、甘肃去做工作的时候，知道这两省本来就是耕者有其田。只有在南方土壤肥沃的地方，土地才成了买卖的商品和财富的资本。这已经不只是吃饭的问题，而且变为资本问题了。南北不同，就在这个地方。所以我们推行耕者有其田，首先着重南方。

中山先生有生之年，迄无机会实现他的耕者有其田的理想，只留下了一个主张，那是民生主义里最重要的一部分。我国第一次试验此一政策是北伐成功以后，在浙江开始的，那是民国十八年。当年试行二五减租，由省党部和省政府联合推行。减租的结果，民间的经济，很快就繁荣起来了。我记得那一年过年的时候，爆竹声似乎格外热烈。农民吃得好，穿得漂亮，农村里洋溢着一片欢乐。但仅在浙江一省进行试验，当地的地主们当然不高兴。其所以能够推行，是因国民军到达杭州以后，政府的权力有了后盾，所以省政府和省党部决定要试办二五减租，当时是没有法定机关，或民意机构可以反对的，像现在的台湾，那就要经省议会的通过了。那时是革命军训政时代，只要党部与政府合作即可。所以一般地主即使要反对，也没有办法。不过他们心里是不愿意的，所以到后来，他们终于买通了职业凶手，把进行二五减租的一个领袖——沈玄庐刺死了。以后，二五减租虽还继续了一段时期，但是纠纷愈来愈多。地主想出种种的办法来阻挠，结果还是取消了。今天在台湾已由三七五减租改为耕者有其田。在推行过程中，政府方面要是没有相当的毅力是行不通的，我们在上面说过台湾的土地改革，是由当局竭力主张，经省议会的通过后才办理的。

而省议员们多是代表地主一方面的，所以要他们通过土地改革法案，不是一件容易的事。

抗战期间，陈辞修先生任湖北省主席。因战时有安定社会的需要，他就在湖北推行减租。眼看减租以后，民间的经济状况，果然好转起来了。经过这两次试验，并在前面说过龙岩的实例，证明减租确能够使社会经济繁荣，因此政府才决定在台湾推行。若没有湖北、浙江和龙岩的前例，或许大家还不会有这样的信心和热心。

有一年美国最高法院的法官道格拉士（Justice Douglas）到台湾来研究土地改革实况。他曾问我台湾实行土地改革有无困难？我说要地主把地拿出来，当然经过了种种阻难。我们中国有一句俗话，所谓与虎谋皮。和老虎讲价钱要它把皮剥下来，你想老虎肯吗？后来我看见他所写的一本书里有一章叫做"与虎谋皮"，并未说出何人所讲，只说是在台湾时，听到一个人说的。

有一年陈果夫先生在南京和我说，他竭力主张要把南京城里的地，尤其是现在还没有造房子的地，统统由政府收购，来办土地改革。等到开会时，他把计划提出后，竟左右碰壁，大多数的人都不赞成。他不明白是什么缘故？后来才知道南京的地，多半早被政府里的大官用很便宜的价钱收买了。所以你要他们来通过他的计划，当然是很困难的。我那时与陈果夫先生说："果夫先生啊！南京的地是老虎皮，你要用强力，才能把老虎打倒,剥下它的皮啊!你跟老虎商量,要想通过剥虎皮的法案,那是办不到的。"果夫先生说:"真的,起初我不懂,后来我才懂。"

一九五三年美国民主党总统候选人斯梯文生(Mr. Adlai E. Stevenson)来台湾,曾到农复会来讨论土地改革和农业生产问题。我代表农复会,作三分钟的致辞。在这短短时间内,要包括欢迎辞并说明建设农村的基本哲学。其意义与我们初到台湾时省主席所讲的大致相似。在此不妨译出来重述一遍。当我写讲辞时,曾经仔细考虑过,在极短的时间内对外国上宾讲话必须扼要中肯,精密简明才好。后来斯氏在美国讲演或写作,常常引用我这欢迎辞里的话,译文如下:

斯梯文生先生!

这是您第一次到自由中国么?

答"是"。

但是我们对于您觉得有一种亲密感,这亲密感是以您在美国几篇著名的讲演中得来的。

您的讲演,能把美国人民的理想人格化,并超越党派,透过国界,将此宣示于全世界。

这种人格化的理想,如空谷传音,波动了全世界千千万万人民的心弦。

我们希望您能在这儿的农复会里,看见与您相等的精神，虽然看起来，不免渺小一点。

农复会的工作，是根据两个基本原则：(一) 社会的公道，换言之为公平分配。(二) 物质的福利，换言之为增加生产。

我们要想把这两者达成平衡的境界。单独的只讲社会公道或公平分配，其结果是均贫。反过来说，若只讲生产，其结果会使富者更富，贫者仍贫，贫富悬隔的鸿沟，因此更为加深。

土地改革，为讲社会公道最要紧的工作。台湾的土地改革，在今年 (一九五三年) 年底可完成。土地问题，自汉代以来，就是循环不已的人民叛变之源。好几个强大的朝代，为农民革命狂潮所卷去。

增产最基本的工作，是水利、肥料和病虫害之防治。很谨慎的能把分配与生产配合起来，在世界这角落里，是解决农村问题的一把钥匙。

我们的眼看着天上的星，我们的脚踏着地下的草根，我们从农民那里学习不以我们的幻想去教农民。

我们的理想是很高的，我们的办法是很切实际的。

斯梯文生先生，我们想您会赞成的。

第四章

自从珍珠港事件发生后，我国大后方和沦陷区的一般民众，都相信最后的胜利，必属于我。日本不自量力，居然和美国打上了，其结果一定会失败的，这是全国人民一致的看法。

人们都觉得很奇怪，为什么日本人看不到这一点，难道他们自己不觉得那样小的一个岛国，就能够打倒英美两国联军的势力？竟胆敢偷袭珍珠港呢？他们的理由是：如不把美国的海军毁掉，日本迟早要吃亏的，与其那时候被他们打，不如现在先打他们。日本自明治维新以后，一方面采取了资本主义，一方面采取了帝国主义，双管齐下，同时向国外发展。他们为了争取国外市场和扩展国家的势力，不择手段，不顾信义地向他国侵略着，除非碰到强有力的阻止，他们是不会停止的。这就是日本突袭珍珠港的原因。只是他们军阀的眼光短浅，太高估自己的力量了！

自十九世纪的中叶，以迄二十世纪的中叶，这一百年的期间，西洋发展了一种资本主义。由于资本主义发展的结果，而造成了一种向外扩张的帝国主义。日本就是因为采取了资本主义与帝国主义，而成为一个强国。我们呢！也想照日本的维新办法，富国强兵。日本用资本主义来发展产业，以充实国库，然后再用以强兵。富国强兵是给他们做成功了。那末我们呢？我们想富国，但是没有富国之道。因为我们中国人向来的思想，尤其是儒家，是讲不患寡而患不均，不主张私人资本主义。所以我们那个时候的富国政策，不是要发展私人资本，而是发展国家资本。如招商局、开滦煤矿，以及铁道、银行（如大清银行）等，都是国营的，私人资本向来不受重视，而且政府时时在设法阻止它的发展。因为大家相信个人资本的发达，会造成社会的不均的。这种思想实违背了十九世纪发展工商业的基本条件——私人资本主义。因为国家资本所经营的工商业，没有同业间的竞争，则必然影响其进步与发达，国库也就因而不丰，当然没有钱来强兵。数十年来，我们一直希望国富兵强，而结果是国既愈搞愈穷，兵也愈养愈弱了。

珍珠港事件以后，大家都认为最后的胜利必属于联军，但是在中国大陆和欧洲战场，都还有一段艰苦的时间需要奋斗。那时候，我刚接任红十字会会长。由于职责的关系，我曾和一个学生，带了许多美国红会赠送的药品，坐了一部美国红会赠送的很漂亮的大救护车，到后方去视察红十字会的工作。我们从昆明到贵阳，再到桂林，然后转衡阳，再折回桂林，到湘西镇远，又回到贵阳，最后又到了重庆。因为我们红十字会的总会在重庆，在那里稍事勾留，即驶往昆明红十字会的办事处。由该地沿滇缅路西行，视察各地红十字会的工作，到保山为止。在这几个礼拜的视察途中，看到好多极其残酷的事，使我心悸神伤，迄今难忘。

当时我是以红十字会的会长资格，去视察各地壮丁收容所的。管收容所的人，见我带了药品，他们以为我是一位医生，因为里面生病的人很多，所以都让我进去了。

　　在贵阳一个壮丁收容所里，我曾经和广州来的壮丁谈话，我问："你们从哪里来的？"他们说："广东曲江来的。""你们一共有多少人？"他们说："我们从曲江动身的时候有七百人，可是现在只剩下十七个人了！"我说："怎会只剩了十七个人呢？是不是在路上逃跑了？"他们说："先生，没有人逃跑啊！老实说，能逃跑到哪里去呢？路上好多地方荒凉极了，不但没有东西吃，连水都没有的喝。我们沿途来，根本没有准备伙食，有的地方有得吃，吃一点，没有吃的，就只好挨饿。可是路却不能不走。而且好多地方的水啊，喝了之后，就拉肚子。拉肚子，患痢疾，又没有药，所以沿途大部分人都死了。"听了这些话，我不禁为之悚然！当时那十七人中有几个病了，有几个仍患痢疾，我便找医生给他们诊治。照那情形看来，我相信他们的确没有逃跑，像那荒凉的地方，不但没有饭吃，喝的又是有传染病菌的溪水，能逃到哪里去呢！

　　我看到好多壮丁被绳子拴在营里，为的是怕他们逃跑，简直没有丝毫行动的自由，动一动就得挨打了，至于吃的东西，更是少而粗粝，仅是维持活命，不令他们饿死而已。在这种残酷的待遇下，好多壮丁还没有到达前线就死亡了。那微倖未死的一些壮丁在兵营里受训练，大多数东倒西歪地站也站不稳。这是因为长途跋涉，累乏过度，饮食又粗劣而不洁，体力已感不支，又因西南地方恶性疟疾流行，因此一般壮丁的健康情形都差极了！

押送壮丁的人，对于壮丁的死亡，似毫无同情心，可能因为看得太多，感觉也就麻木了。

我在湘西、广西的路上，屡次看见野狗争食那些因死亡而被丢掉的壮丁尸体，它们常因抢夺一条新鲜的人腿，而红着眼睛厉声低吼，发出极其恐怖的叫声，令人毛骨悚然！有的地方，壮丁们被埋起来，但埋的太草率，往往露出一条腿或一只脚在地面上，有的似乎还在那边抽搐着，可能还没有完全死去，便给埋进去了！

在贵阳城外，有一块壮丁经过的地方，因为弃尸太多，空气里充满了浓烈的臭气，令人窒息欲呕。

有一天晚上，贵州马场坪一个小市镇里，屋檐下的泥地上零零星星的躺着不少病倒的壮丁。我用手电筒向他们面部探照了一下，看见其中的一个奄奄一息。我问他怎样了？他的眼睛微微睁开，向电光注视片刻，只哼了一声，便又闭上，大概从此就长眠了。

在云南一平浪，我看见一班办兵役的人，正在赌博。因为通货膨胀的关系，输赢的数目很大，大堆的钞票放在桌上，大家赌的兴高采烈，根本不管那些已濒于死亡的壮丁。有一个垂死的壮丁在旁边，一再要求："给我一点水喝，我口渴啊！"办事人非但不理，反而怒声喝骂："你滚开去，在这里闹什么？"

我沿途看见的，都是这些残酷悲惨令人愤慨的事。办兵役的人这样缺乏同情心，可以说到处可见。

有一天我看见几百个人，手与手用绳子穿成一串。他们在山上，我们的车子在山下驰过。他们正在集体小便，好像天下雨，从屋檐流下来的水一样；他们连大便也是集体行动。到时候如果大便不出，也非大便不可。若错过这个机会，再要大便，是不许可的。

有好多话都是壮丁亲口告诉我的。因为他们不防备我会报告政府，所以我到各兵营里去，那些办兵役的人，都不曾注意我。

以我当时估计，在八年抗战期内，未入军队而死亡的壮丁，其数不下一千四百万人。当然，曲江壮丁从七百人死剩十七个人，只是一个特殊的例子，不可作为常例。当时我曾将估计的数字向军事高级长官们询问意见，他们异口同声的说："只会多不会少。"可惜我把估计的方法忘记了。因为那时所根据的各项数字是军事秘密，我没有记录下来。现在事过境迁，为保留史实计，我在这里写出来，反正不是官方的公文，只可作为野史的记载看。

我在赴滇缅路视察以前，曾飞往重庆一次。把预备好的一篇致军事最高当局的函稿，面给陈辞修将军看了。他长叹了一声说："我把你的信递上去吧。"我说："不要，我自己会递的，何必让你得罪人呢？"

于是我亲自将信送到军事最高当局的收发室，取了收条，收藏起来。不料等了好久迄无消息。我就去问辞修将军他处有无消息？他说没有。于是我们商量了一下便去找陈布雷先生。布雷先生对此事也毫无所闻，但见许多查询。他知道此事重要，就面询军事最高当局，有没有看见红十字会会长某某先生的信？答说没有。查询起来，此信还搁置在管军事部门的秘书室里。最高当局看了信以后，就带一位极亲信的人，跑到重庆某壮丁营里，亲自去调查，想不到调查的结果，完全证实了我的报告。于是把主持役政的某大员，交付军事法庭。法庭不但查明了他的罪案，而且在他的住宅里搜出了大量金条和烟土，于是依法把他判处死刑而枪毙了。

当我从滇缅路视察完毕回昆明后，因恐第一个报告不会发生作用，又预备好第二个视察报告，正准备再递上去，杜聿明长官得到某大员被捕的消息，来通知我说："你的报告已经发生效力，那位仁兄已被捕交给军事法庭了。"于是我就把预备好的第二报告烧了。

过了几天，军政部长行了一角公文，送到红十字会昆明办事处来。内有最高军事当局批示给军政部长的话。现在我所记得的为："役政办法如此腐败，某之罪也。但该部所司何事，腐败一至于此，可叹可叹。"可笑的是军政部的报告中竟说某处患病壮丁，已送医院治疗。某处被狗吃过的壮丁尸体，已饬掩埋。这些话真是牛头不对马嘴，壮丁早已死了，而且那地方并无医院，狗吃人肉也早已吃完了，还要埋什么呢？这真是"科员政治"的彻底表现了。

天下竟有这么凑巧的事，战后还都以前，内子陶曾谷先飞南京去找住房。经市政府介绍了一所大宅子，她走进去一打听，才知道那正是被枪毙的那位仁兄的产业。我太太吓了一跳，拔脚就走，陪去的人莫名其妙，忙问其故，我太太说："啊呀！这幢房子的原主要向我先生讨命的呀！"

平心而论，兵役办得这样糟糕，并非完全由于人事关系。即使主持人认真办理，好多缺点也没法补救：交通梗阻，徒步远行，体力消耗过甚。食物不够，且不合卫生，易起疾病。饮水含微生物，饮之易致腹泻。蚊子肆虐，疟疾为灾。凡此种种，苟无近代科学设施，虽有贤者负责，亦无重大改进之可能。后经中、美当局之研究，从事有效之措施。其最大的改革，为分区设立若干小型飞机场，将附近若干里内之壮丁，集合于机场，飞往训练中心。自各村落至机场，沿途设有招呼站、卫生所，供给饮食医药。果然，此制度实行后，壮丁在途中死亡者百中不过一二而已。

附：民国三十年七月作者任中国红十字会总会长时一篇有关兵役状况的原视察报告

梦麟此次视察黔、桂、湘红十字会医务工作，道经贵阳至独山，计程二百三十公里。再自贵阳至镇远，公路二百六十三公里，均东来壮丁必经之道。沿途所见落伍壮丁，骨瘦如柴，或卧病道旁奄奄一息；或状若行尸，踯躅山道，或倒毙路旁，任犬大嚼。所见所闻，若隐蔽而不言，实有负钧座之知遇。谨举列上渎，幸赐垂鉴：

（一）落伍壮丁手持竹杖，发长而矗立，形容枯槁，均向东行，盖其心必念家乡也，沿途所见者十余人。

（二）在马场坪见一落伍壮丁，年约二十左右，病卧街旁，询之，则以手划地作"吾伤风"三字，问其自何来，曰："宣化。"继曰："头痛眼看不见。"遂嘱同行医生以药物治之，并予以法币十元。翌晨，见其已能立起。同地又见落伍壮丁倒卧街旁，以电棒照之，但略举目，已不能言语，翌晨死矣。

（三）在离龙里县城一华里公路旁，午前十时左右，见一大黄狗在一死壮丁左臂大嚼。

（四）渝筑路上桐梓县，在寓所后面院子里见壮丁百数十人正在训练中，面黄饥瘦，食时，见只给两中碗。旁观有中央军校毕业之李上校叹曰："天哪！这种兵怎么打仗？唉！办兵役的人啊！"

（五）据黄平县长云："有一湘人挑布担过重安江时，遇解送壮丁队，被执，坚拒不肯去，被殴死。即掩埋路旁，露一足，乡人恐为犬所食，重埋之。湘人苏，送县署，询之，得知其实。"

（六）黄平县长检得道旁卧病壮丁七人，送医院治之，死其六，其余一人病愈逸去。

（七）据马场坪医生云："有湘人十余人，挑布担迤逦而行，近贵定县，遇解送队，数人被执，余者逃入县城报告。适一卡车至，持枪者拥湘人上车，向贵阳行驶。湘人赂之，被释。方下车时，以枪击毙之曰：彼辈乃逃兵也。"

（八）据镇远红十字分会长云："分会有掩埋队，见有死而暴露者，有半死而活埋者，有将死而击毙者。"

（九）韶关解来壮丁三百，至筑只剩二十七人。江西来一千八百人，至筑只剩一百五十余人。而此百余人中，合格者仅及百分之二十。龙潭区来一千人，至筑仅余一百余人。以上所述，言之者有高级文武官吏、医生、教员，所言大致相同。

（十）战事起后数年中，据红十字会医生经验，四壮丁中一逃一病一死，而合格入伍者，只四分之一，是为百分之二十五。以询之统兵大员，咸谓大致如是。若以现在之例计之，恐不及百分之十矣。

第五章

文化是个有生命的有机体，它会生长，会发展；也会衰老，会死亡。文化，如果能够不断吸收新的养份，经常保持新陈代谢的作用，则古旧的文化，可以更新，即使衰老了，也还可以复兴。

历史上多少灿烂的文化，如巴比伦文化，迦太基文化，古埃及文化，在人类文化史上，都像昙花般一现就销歇了。但也有若干文化，绵延不断，历久弥新。其间盈虚消长，是值得我们深长思索的。

大凡文化的发展，有两个重要的因素：一个是内在的，基于生活的需要。人类有种种生活的需要，为了满足这些需要，不得不想种种方法来创造，来发明。这是促进文化发展的一个动力。另一个是外来的，基于环境的变迁。环境变迁多半是受外来的影响。这是因为四周环境改变了，为了适应新的环境，就不得不采取新的适应方法。人类如不能适应新的环境，就不能在这环境里生存。我们从历史上看，这两个因素总是交互影响的。

中国文化是少数古文化现在还巍然屹立的一枝。它之所以能够如此，就是因为能不断吸收新的文化与适应新的环境。历史上较早的较显著的一个例子发生在战国。

战国时候的赵武灵王为了国家的生存，不管王公大臣和国内人民的反对，毅然采取了匈奴的服装（胡服）和他们的骑射之术（骑在马上射箭）。胡服和骑射都是外国的东西。他的叔叔公子成对此大表反对。他说：

臣闻中国者，圣贤之所教也，礼乐之所用也，远方之所则效也；今王舍此，而袭远方之服，变古之道，逆人之心，臣愿王熟图之也。

赵武灵王听了这席话，便自己亲自去向他叔叔说明。他说：

　　吾国东有齐、中山，北有燕、东胡，西有楼烦、秦、韩之边，今无骑射之备，则何以守之哉。先时中山负齐之强兵，侵略吾地，系累吾民，引水围鄗，微社稷之神灵，则鄗几于不守也。先君丑之。故寡人变服骑射，欲以备四境之难，报中山之怨，而叔顺中国之俗，恶变服之名，以忘鄗事之丑，非寡人之所望也。

上面这段话，把公子成说服了。于是下令变服，习骑射。

　　胡服骑射的结果，中原出现了两种东西。一种是裤子，一种是骑射。中国人向来不穿裤子，裤子是从胡人那面学来的。我们推想大概在打仗的时候，要骑在马上射箭，没有裤子不大便当。骑射在战术上更是一个重大的改革。以前我们的箭是徒步的兵卒，从地面发射的，也有站在战车上发射的。自从胡人那儿学得了骑射以后，战车便少用了，甚至于不用了。这是因为战车太笨重。在中原平地，没有山的地方，可以横行，可以打仗。但赵国（现在的山西）境内多山，战车在山里无法使用，所以非采取骑射不能抵抗敌人。从此以后，战争的方法起了革命性的改变，也保障了中华民族的生存。

骑射引进以后，马成了非常重要的一种工具。所以有"苜蓿随天马，葡萄逐汉臣"之句。汉武帝在宫外好几千亩地里种了苜蓿。天马是指西域来的马。阿拉伯古称天方，从那边来的马称天马。马要用苜蓿来饲养，所以要引进马，同时还要引进苜蓿。这时战车不用了。原来徒步的兵卒，现在已成了马上的骑士。从此军队的活动范围变得既广且远，运用也迅速了。因此战术便整个变了。

虽然胡服骑射是外面来的，但进来以后，就慢慢地变成了我们自己的东西了。我们内部长期发展和适应的结果，到汉武帝时，中国已经繁殖了不少的马，战术也变得高明了，所以能把匈奴逐出去。

汉武帝是一个雄才大略的国君，他一面发展中国的文化，同时发展军略，改进战术，文治武功，都极一时之盛。凭了新发展的战术，引军西向，把匈奴赶得远远的。历史上说："匈奴远行，不知去向。"现在我们知道他们跑到欧洲去了，他们骚扰欧洲四百多年，结果把罗马帝国毁了。

所以外来的文化，如果能够采取适当，并适应本国的环境，是能够帮助解决本国问题的。进来之后，便成了我们自己文化的一部分。再经过相当时期的发展，便可以产生一种更高的新的文化。胡服骑射就是一个很好的例子。

外来的文化，固然可以刺激本国文化的发展；而本国的文化，受了外来的影响，也可以更适应环境。如果食而不化，便不会产生像汉代一样灿烂的文化。所以最危险的事情是只以为我们自己的文化好，对外国来的瞧不上眼。这是很危险的事情，知识不够识见近，往往患这种毛病。譬方最近义和团的事情，西太后以至于北方一班老先生，恨外国的文化，用中国义和团的符咒、刀枪想打外国人，结果一败涂地。我们不是说外国来的都是好的。外国来的东西，如果不能适应中国的需要，当然不会采取。外国来的东西与中国有好处的，是拒绝不了的。

譬如我们的音乐，就是我们现在所称的国乐，大都是从西域外国来的。如琵琶、胡琴、羌笛，好多乐器，都是外国来的。中国原来的音乐，只能在孔庙里听见。许多人都不知我们现在所称的国乐，是受外国影响很大的。唐代的各种宫廷音乐，大都是西域来的。现在日本宫廷里还代我们保存了一部分。我们中国人并不都是守旧的，我们一向很愿意取人之长，补己之短。我们这民族能够这样长久存在，原因就是愿意向外国学习。

又譬如佛教，是从东汉时起，慢慢地进来的，到唐朝大盛。从东汉到宋朝（从两世纪到十一世纪）经过八九百年的功夫，佛教变成了中国自己的思想，与中国原有的儒、道两家思想一直共存到现在。等到北宋的时候，宋儒起来了。宋儒是我们原有的儒家思想受佛教影响而产生的一种新思想。它把中国自己原有的思想改变了。所以近人把宋儒叫新儒学。

现在我们讲新儒学。我们现在称宋儒明儒之学为新儒学。新儒学有两派：一派以我国原有思想为主，所受佛教思想影响较轻。这派叫做程朱学派。程指程灏、程颐兄弟，朱即朱熹。另一派以宋之陆象山，明之王阳明为领袖，所以称为陆王派。这派受佛教思想较重，所含我国原来的思想较轻。我们至少可以这样说，陆王派对外来的佛教思想与中国本来的儒家思想是并重的。两派比较，则程朱一派较为侧重儒家思想一些，这是两派的分别。陆王一派到了明朝，佛教思想格外浓厚，这是受了禅宗思想的影响。陆王、程朱两派彼此互相诋毁，互相倾轧。陆象山曾作诗讥讽朱熹，他说："易简工夫终久大，支离事业竟浮沉。"其实陆王与程朱两派，都同受佛教影响，不过轻重之分而已。

明朝末期，西洋耶稣会士来了，他们一面传布耶稣的教义，同时把西洋的科学也传了进来。科学思想与科学方法的传入，影响了清代的学风。有清一代，因为受科学的影响，考证之学，便成了清代学术的中心。

近代西洋文化的输入，初期是由日本转译而来，稍后才直接从西洋输入。自西洋文化直接从欧洲输入，中国文化就开始发生大变动了。这个大变动可以五口通商，割让香港做起点。此后，外国的资本主义，帝国主义，殖民主义都一起汹涌地进来了。中国所受影响，也愈来愈厉害。一八九八年戊戌政变，就是康有为和梁启超想帮助光绪皇帝把中国彻底改革，实行西化。但因当时反动的力量太大，政变没有成功。到一九〇〇年（庚子年）的时候，忽然发生一项反西化的大反动——义和团之乱，他们想帮助清朝消灭外国人。所谓"扶清灭洋"，就是他们的口号。这事闯下了很大的乱子。从此以后，中国的国势，便一天不如一天了。

日本人趁这个机会，用西洋文化来打我们。起初是甲午战争，我们被打败以后，便把台湾割让给日本。此后日本又继续不断向中国侵略。到第一次欧战时，日本人的侵略格外变本加厉。二十一条条件，就是在这时候提出来的。后来凡尔塞和会想把青岛让给日本，消息传来，国内大表反对，学生反对得尤其厉害。这是一次纯粹的爱国运动。由这次爱国运动，导出了一次要求文化改革与社会改革的五四运动。五四运动之后，中国的思想，便起了绝大的变动。日本人一连串的侵略，我们一连串的抵抗。后来革命军北伐，国民政府成立，与日本的冲突愈大，到民国廿六年，日本开始大规模进军侵略我们，等到袭击珍珠港的时候，日本人把世界各国都打上了。一直等到中国八年血战，才在同盟国共同协力下，把这远东侵略国家打败。

所谓中华民族，本来由中国境内的各民族混合而成的。先秦记载，就有东夷、西戎、南蛮、北狄之称。东部地方居住的叫夷，西部的叫戎，南部的叫蛮，北部的叫狄。这是我们历史上常常看见的名字，所谓蛮夷，所谓戎狄，都是外国人的通称。这种民族，不但散居我们国境四周，而且还杂处在我们国境之内。所以在这种状况之下，我们只能以文化为中心，来教育他们同化他们。春秋时候，所谓"诸夏而夷狄者则夷狄之，夷狄而诸夏者则诸夏之"，就是这个意思。所谓夷狄，所谓诸夏，不是种族的差别，只是文化的异同。夷狄而接受诸夏文化的，则夷狄也是诸夏，诸夏而采取夷狄文化的，则诸夏也变为夷狄了。夷夏之分，本来如此。后来内部慢慢统一，就成了一个华夏大民族，一个中国统一的民族。

所谓东夷、西戎、南蛮、北狄等称谓，是我们初期历史对外来民族的通称。到了汉朝，凡从外国来的就叫胡，或称夷了。到了唐朝，外面来的就叫做番了。所以我们常常称自己为汉人，称外国人为夷人。唐朝时自己称唐人，称外国为番子。后来我们把自己的国土称中国，旁的国家称外国。所以胡与汉，唐与番，中与外，都是中国与外国之别。

这些夷狄与中国本土民族相接触，外来的文化，与原有的文化，因接触而彼此吸收，外国文化，经过中国吸收，便变为中国文化了。我们前面讲赵武灵王吸收胡人的战术，胡人的骑射。到了汉朝便发展成功为一种新的战术。到了唐朝，吸收印度的文化，不但是佛教，还有从佛教带来的美术。印度美术含有希腊的成份，这是亚历山大（Alexander）征服印度边境时带来的。中国美术，尤其是雕刻内容都深受影响的。外来文化的进入有两个途径，其一是由冲突与战争而进来的，其一是由和平的交往而进来的。因为战斗而进来的像胡服骑射，因为文化交往而进来的像佛教，希腊的美术。中国吸收了外国文化以后，经过一个时期的融合，就成了中国文化了。中国文化受它的影响，从此发出光明灿烂的新的文化出来，在历史上斑斑可考。所以中华民族是吸收外来文化的民族，不是拒绝外来文化的民族。这是我们大家要知道的。能够吸收外来的文化，吸收得适当，而且能够把它适应于中国，这是中国文化进步的一个重要的关键。

以前我写过《西潮》，那是讲外来的文化，所予我们中国的影响，现在我在这本《新潮》里，要讲的是中国文化因受外来文化的影响，自己所生的种种变化。我们从历史上知道每次外来文化输入以后，经过相当时间，一定会产生一种新的文化，这就是进步。

（原载《传记文学》第九卷第一期、

第二期及第十一卷第一期、第二期）

试为蔡先生写一篇简照

光绪己亥年的秋天，一个秋月当空的晚上，在绍兴中西学堂的花厅里，佳宾会集，杯盘交错，似乎兰亭修禊和桃园结义在那盛会里杂演着！

忽地里有一位文质彬彬，身材短小，儒雅风流，韶华三十余的才子，在席间高举了酒杯，大声道："康有为、梁启超，变法不彻底，哼！我！……"

大家哄堂大笑，掌声如雨打芭蕉。

这位才子，是二十岁前后中了举人，接联成了进士、翰林院编修，近世的越中徐文长。酒量如海，才气磅礴。论到读书，一目十行，讲起作文，斗酒百篇。

一位年龄较长的同学对我们这样说：这是我们学校里的新监督，山阴才子蔡鹤卿先生。子民是中年改称的号。

先生作文，非常怪僻，乡试里的文章，有这样触目的一句:"夫饮食男女,人生之大欲存焉。"他就在这篇文章中了举人。有一位浙中科举出身的老前辈,曾经把这篇文章的一大段背给我听过,可惜我只记得这一句了。

记得我第一次受先生的课,是反切学。帮、〇、旁、茫、当、汤、堂、囊之类,先生说:你们读书先要识字。这是查字典应该知道的反切。

二三十年后先生在北京大学校长任内,学生因为不肯交讲义费,聚了几百人,要求免费,其势汹汹。先生坚执校纪,不肯通融,秩序大乱。先生在红楼门口挥拳作势,怒目大声道:"我给你们决斗。"包围先生的学生们纷纷后退。

先生日常性情温和,如冬日之可爱。无疾言厉色,处事接物,恬澹从容,无论遇达官贵人或引车卖浆之流,态度如一。但一遇大事,则刚强之性立见,发言作文不肯苟同。

故先生之中庸,是白刃可蹈之中庸,而非无举刺之中庸。

先生平时作文适如其人,平淡冲和。但一遇大事,则奇气立见。"杀君马者道旁儿,民亦劳止,汔可小休。"这是先生五四运动时出京后所登之广告。

先生做人之道,出于孔孟之教,一本于忠恕两字。知忠,不与世苟同;知恕,能容人而养成宽宏大度。

先生平时与梁任公先生甚少往还。任公逝世后,先生在政治会议席上,邀我共同提案,请政府明令褒扬。此案经胡展堂先生之反对而自动撤销。

我们中国人可以说没有一个人在不知不觉间不受老子的影响的，先生亦不能例外，故先生处事，时持"水到渠成"的态度。不与人争功，不与事争时，别人性急了，先生常说"慢慢来"。

一位在科举时代极负盛名的才子，中年而成为儒家风度的学者。经德、法两国之留学，而极力提倡美育与科学。在教育部时主张以美育代宗教。在北京大学时主张一切学问当以科学为基础。

在中国过渡时代，以一身而兼东西两文化之长，立己立人，一本于此。到老其志不衰，至死其操不变。敬为挽曰："大德垂后世；中国一完人。"

（原载民国二十九年三月廿四日重庆《中央日报》）

蔡先生不朽

"人生自古谁无死，留得丹青照后人。"这句诗，是说人的身体迟早必死，惟精神可以不死。精神不死，是谓不朽。先生死矣，而先生之精神不朽。今请言先生不朽之精神。

学术自由之精神

先生之治学也，不坚执己见，不与人苟同。其主持北京大学，凡持之有故、言之成理者，悉听其自由发展。

宽宏大度之精神

先生心目中无恶人，喜与人以做好人的机会，先生相信人人可以成好人。先生非不知人之有好恶之别，但视恶人为不过未达到好人之境地而已。若一旦放下屠刀，即便成佛。故先生虽从善如流，而未尝疾恶如仇。俗语说："宰相肚里好撑船。"

古语："有容乃大。"此先生之所以量大如海，百川归之而不觉其盈。

安贫乐道之精神

先圣有言："为仁不富。"又曰："富贵不能淫。"蔡先生安贫乐道，自奉俭而遇人厚，律己严而待人宽。

科学求真之精神

先生尝言，求学是求真理，惟有重科学方法后始能得真理。故先生之治北京大学也，重学术自由，而尤重科学方法。当中西文化交接之际，而先生应运而生，集两大文化于一身，其量足以容之，其德足以化之，其学足以当之，其才足以择之。呜呼！此先生之所以成一代大师欤！

（原载民国二十九年三月二十四日重庆《扫荡报》）

追忆中山先生

　　我在此文中所要讲的，只是我与中山先生个人关系中的几件小事。

　　先生从事革命时，我还只是一个学生。虽然对于革命很有兴趣，但因学业关系，行动上并未参加。一九○八年（光绪末年）我到旧金山卜技利加州大学读书。那时先生时时路过旧金山。直到一九○九年（宣统元年）某日，我才有机会与先生见面。见面地点是旧金山唐人区Stockton街一个小旅馆里，那一天晚上由一位朋友介绍去见先生。这位朋友就是湖北刘麻子，他的朋友都叫他麻哥的刘成禺（禺生）先生。我和他是加州大学同学，又同是金山《大同日报》的主编。《大同日报》是中山先生的机关报，因这关系，所以与先生很容易见面。麻哥为人很有趣味，喜欢讲笑话。中山先生亦戏称其为麻哥而不名。中山先生虽不大说笑话，但极爱听笑话。每听笑话，常表示欣赏的情绪。

第一次在Stockton街谒先生，所谈多为中国情形，美国时事，若干有关学术方面的事情，详细已不能记忆。其余则为麻哥的笑话，故空气极轻松愉快。中山先生第一次给我的印象是意志坚强，识见远大，思想周密，记忆力好。对人则温厚和蔼，虽是第一次见面，使人觉得好像老朋友一样。大凡历史上伟大人物往往能令人一见如故。所以我与中山先生第一次见面是很不正式的，很随便的。

此后，先生在金山时，因报纸关系，时时见面。武昌起义时，我尚在报馆撰文，刘亦在。而先生来，谓国内有消息，武昌起义了。闻讯大家都很高兴，约同去吃饭，一问大家都没钱，经理唐琼昌先生谓他有。遂同去报馆隔壁江南楼吃饭。谈的很多，亦极随便。大家偶然讲起《烧饼歌》事，中山先生谓刘基所撰一说是靠不住的，实洪秀全时人所造。又联带讲到刘伯温的故事。一次，明太祖对刘基说："本来是沿途打劫，哪知道弄假成真。"刘谓此话讲不得，让我看看有没有人窃听。外面一看，只一小太监。问之，但以手指耳，复指其口，原来是个耳聋口哑的人。于是这小太监得免于死。大家听了大笑。

我讲这些话，不过要青年知道许多伟大人物不是不可亲近的，亦与我们一样极富人情味的。所谓"圣人不失赤子之心"，就是此意。

过了几天，先生动身经欧返国。临行时把一本Robert's

Parliamentary Law交给我，要我与麻哥把它译出来，并说中国人开会发言，无秩序，无方法。这本书将来会有用的。我和刘没有能译，后来还是先生自己译出来的。这就是《民权初步》。原书我带到北平，到对日抗战时遗失了。先生时时不忘学术，经常手不释卷，所以他知识广博。自一九〇九迄一九一一年期间与先生见面时，所讨论的多属学问方面的问题。

民六至民八期间在沪与先生复经常见面。几乎每晚往马利南路孙公馆看先生及夫人。此时，先生正着手草英文《实业计划》，并要大家帮他忙写。我邀同余日章先生帮先生撰写。每草一章，即由夫人用打字机打出。我与胡展堂、朱执信、廖仲恺、陈少白、戴季陶、张溥泉、居觉生、林子超、邹海滨诸先生，即于此时认识。

有一时期，季陶先生想到美国去读书，托我向先生请求。先生说："老了，还读什么书。"我据实报告戴先生。戴先生就自己去向先生请求。先生说："好、好，你去。"一面抽开屉斗，拿出一块银洋给季陶先生说："这你拿去作学费罢。"季陶先生说："先生给我开玩笑吧？"先生说："不，你到虹口去看一次电影好了。"

先生平生不喜食肉，以蔬菜及鱼类为常食。一日席间，我笑语先生是Fishtarian，先生笑谓以Fishtarian代替Vegetarian，很对。

民八，五四运动发生。北大校长蔡孑民先生离平南来，北大学生要他回去。他要我去代行校务。我于到平后不久，即收到先生一信。其中有句话，到现在还记得。那就是"率领三千子弟，助我革命"。以后，我常住北平，惟有事南下，必晋谒先生。

北平导淮委员会绘有导淮详细地图。我知先生喜研工程，因设法一张带沪送与先生。先生一见即就地板上摊开，席图而坐，逐步逐段，仔细研究。该图以后即张挂于先生书房墙上。

杜威先生来华，我曾介绍去见先生，讨论知难行易问题。西方学者都知道这个道理，所以他们谈得很投机。杜威先生是个大哲学家，但亦是极富人情味的，有时讲一两句笑话，先生则有时讲一两句幽默风趣话。他俩的会见，给我的印象是极有趣味的。

民十（一九二一年），太平洋会议在美举行。上海各界不放心北京政府。上海商会、教育会、全国商业联合会等各团体推我与余日章两人以国民代表身份前往参加。我因欲取得护法政府之同意，因赴粤谒先生。先生欣然同意我等参加，并即电美华侨一致欢迎。那时北京政府想要妥协，是我们联合一批朋友共同反对阻止的。

民十一，于太平洋会议后取道欧洲返国。先到粤复命，并电告先生。至港，见郭复初先生乘轮来接，始知陈炯明叛变，先生避难舰上，无法晋谒。因由港返沪。

民十三，先生为求南北统一北上。余至天津张园谒见，告以段执政对善后会议无诚意。先生说："那末我们要继续革命。"先生到平以后，一直卧病。十四年三月十二日在北平铁狮子胡同顾少川先生宅逝世。我闻讯赶到，先生已不能言语了。

先生在北平协和医院卧病时，有中医陆仲安，曾以黄芪医好胡适之先生病。有人推荐陆为先生医。先生说他是学西医的，他知道中医靠着经验也能把病医好。西医根据科学，有时也会医不好。但西医之于科学，如船之有罗盘。中医根据经验，如船之不用罗盘。用罗盘的有时会到不了岸，不用罗盘的有时也会到岸，但他还是相信罗盘。

以上所叙，是我个人所知道的关于先生的几件日常琐事。自旧金山小客栈开始，一直到先生在平逝世为止。所记都是小事，但从这许多小事里，或者可以反映当年一部分大事。

（原载《国父九十诞辰纪念论文集》）

一个富有意义的人生
——他是我国学术界一颗光芒四照的彗星

　　吴先生江苏无锡县人，原名脁，字稚晖，后改名敬恒。先生尝自述身世云："曾祖母早寡，吾祖为独子，生吾父亦独子，十岁丧母，吾母十八嫁吾父，曾祖母与吾祖，切望吾母生子，不料吾母至家之年，为同治二年（一八六三），曾祖母近九十，祖父六十，先后去世。至同治四年（一八六五），吾母生我，伊方二十岁。二十五岁死时，遗吾六岁，及吾大妹四岁，时洪杨之乱已平，外祖母本无子女，故抚吾兄妹二人如己孙，同回无锡北门老家。外祖母养我至二十七岁（时光绪十九年公历一八九三），而彼死，其恩至笃。"

　　照此身世看来，曾祖母寿近九十，祖父六十，外祖母养先生至二十七岁，其寿当在八九十之间。是先生之血液中含有长寿之血统，故先生之长寿，亦非偶然。

　　他零丁孤苦的身世，从小养成了他安贫向学，意志坚定的习惯。此实奠定了他一生安贫乐道,生活俭朴的基础。

他早年是科举出身,二十三岁(一八八九)考进县学,二十五岁(一八九一)考进江阴南菁书院,二十七岁(一八九三)中了举人。

他治《皇清经解》很有功力,长于史论,学桐城派古文笔法。二十八岁(一八九四)入北京会试。试卷虽经"堂备"而未中进士。

有一次写了一个三千字的摺子,要光绪皇帝如何变法。就在戊戌(一八九八)年的元旦,候左都御史瞿鸿禨朝贺回宅,上前把轿拉住,送上摺子。瞿看了一个大概就说:"唉!时局到了如此,自然应该说话,你的摺子我带回去细看再说,你后面写有地址,我有话,可通知你,你们认真从事学问,也是要紧的。"

戊戌(一八九八)年春天,先生在北洋学堂教书。六月康梁在北京变法,他已回无锡,不久就到上海南洋公学任教,每月薪金四十两,比在北洋学堂多了十两。

辛丑(一九〇一)三月,他到东京去留学。壬寅(一九〇二)赴广州,又自广州带了二十六个少年再回日本。后因事率领学生大闹公使馆,诸人被日本当局驱逐出境。先生愤而投水,为警察所救,得不死。

壬寅(一九〇二)五月回上海,十月爱国学社成立。以后苏报案起,捕房到处捕人,先生出亡英伦,约同人创《新世纪》

报于巴黎，鼓吹革命。

（以上事实节录张文伯《稚老闲话》。先生常与我谈往事，大致相同，惜我未曾笔录。）

我于民国六年（一九一七）在上海寰球中国学生会演说会中初次碰到吴先生。那年我刚从美国留学毕业回来，好多地方请我演讲，那时我的言论，大概都是讲西洋文化的根源并和中国比较。

大意是西洋文化起源于希腊，重理智、重个性、重美感。中国思想则重应用、重礼教、重行为。因此常常提到苏格拉底、亚里士多德几个希腊哲学家的名字，并提到科学的发展，是从希腊重理智而演化出来的。中国科学不发达，是因为太重应用。我们现在要讲工业，根本要从科学入手。

我这套理论为当时舆论界所不欣赏。有一张报纸，画了一幅插画，一个戴博士方帽，面庞瘦削的人，满口吐出来苏格拉底、亚里士多德两个西洋名字在空中荡漾。

我想这条路走不通，所以我就讲要中国富强，我们先要工业化并讲工程学对于工业发展的重要，工程学是要根据科学的。工程是应用科学，要以理论科学或自然科学做基础的。那几个希腊名字就从此不提了。

那天演说的晚上，我所讲的话，大概就是最后一套。

演讲以前，我照例坐在第一排，旁边坐了一位约莫五十余岁，不修边幅的人士，着了一件旧蓝布长衫，面庞丰裕，容貌慈祥，双目炯炯有光，我暗想这人似乎"此马来头大"，决不是一位俗客。

一忽儿主人朱少屏先生站了起来，为我们介绍。说一声吴稚晖先生，吴先生站了起来，笑容满面，活像坐在大寺门口的那尊眯眯佛（弥勒佛），非常谦恭的说了几声"久仰"，我虽觉受宠若惊，但是心里却很高兴。

大概我讲了一个小时，走下讲台来，回到原座以前，吴先生又站起来了，笑容可掬的说了几声"佩服"。那个晚上大概我所讲的是工业和科学，拨动了他老先生的心弦。在这次讲演里，我给他老先生一个好印象。

五六年后（民十一），我在法国里昂，一个借法国旧炮兵营房为校舍的中法大学里讲演，时先生任校长。我想在外国留学，读中国书的机会不多，我就说几句鼓励他们读中国书的话。我讲完后，他老先生急遽的大步踏上台来，圆溜溜的两眼似乎突了出来，迸出两道怒火，这眯眯佛顿时变成了牛魔王，开口便说某先生的话，真是亡国之谈。这次世界大战以后，没有坦克大炮，还可以立国么？那些古老的书还可以救国么？望你们快把那些线装书统统丢到毛厕里去。

我好似在静悄悄的云淡风清的环境中，蓦地里碰到了晴天霹雳。

讲完以后，他雨过天晴似的顿时平静起来了。漫步下台来，慈祥的走向我这里来，我站起来谦恭的向他服罪。他笑眯眯的说，没有什么，不过随便说说罢了。

以后在北平、在上海、在南京、杭州，时时有会面机会。他的长篇大论，一谈数小时，总是娓娓动听。戴季陶先生曾对我说，先生更乐与谈天的人，并非我们，而是不晓得什么角落里的老先生们。但他对我们的态度，也老是春风时雨似的和蔼可亲的。只有民国十九年（一九三〇）在教育部里那天晚上，他老先生像在里昂一样，又向我示威了一次。在拙著《西潮》里有记载如下：

> 我以中央大学易长及劳动大学停办两事与元老们意见相左，被迫辞教育部长职。在我辞职的前夜，吴稚晖先生突然来教育部，双目炯炯有光，在南京当时电灯蒙眬的深夜，看来似乎更觉显明。他老先生问我中央、劳动两校所犯何罪，并为两校诉冤。据吴老先生的看法，部长是当朝大臣，应该多管国家大事，少管学校小事。最后用指向我一点说道："你真是无大臣之风。"我恭恭敬敬站起来回答说："先生坐，何至于是，我知罪矣。"第二天我就辞职，不日离京，回北京大学去了。刘半农教授闻之，赠我图章一方，文曰"无大臣之风"。（《西潮》一一四页）

提起刘教授，就会使我联想到他在旧书摊里找到的一本大约于同光年间出版的一册老书，他印了出来。这书长于以粗俗文字写出至理名言。书名《何典》。卷首有一句粗话说：

　　放屁放屁，真是岂有此理。

　　半农为这本讽刺书设计了一张封面插画，也很不雅驯的。一个乡下佬口含短烟筒，蹲在道旁，一缕轻烟，从烟斗里袅绕上升。他的背后蹲着一条小狗，向他凝视着，希望饱食一顿。

　　刘教授在序文里说，吴丈嘲笑怒骂的作风，是从这本书里得到的法宝。我不见吴老否认，大概半农先生序中所言的是有根据的。

　　此后余常在北平，吴先生则在南方，故不常见面。抗战期间，我在昆明，他在重庆，只偶一会晤。以后我任职行政院，事忙亦不常往访。至民国三十七年（一九四八）在任职中国农村复兴联合委员会，常乘飞机视察南北各省乡村，彼此更不相见。只有在台北于"总统府纪念周"时，因并肩而坐，得稍事寒暄，当时笑容可掬的表情，至今犹存于我的想像中。但是他的体力似乎已走向衰退道上去了。

　　在我于民国十九年离教育部以前，彼此多见面之机会，故常得聆教。

　　先生在北平时（当时称北京，民十二），寓石达子庙。他住在旧式东侧厢房，花格长门而无窗，在纸糊的花格里透入了光线。一张板床，两张桌子，几张凳子。在一张桌子上放了一只火油炉，他自己烧饭吃的。另一张是放书籍的。看书写字就在这里。此时此地，他写成了他的《一个新信仰的宇宙观及人生观》，他老先生的重要思想就在这篇文章里发表的。他进出常步行，不坐人力车。日常不在寓，用两条腿走向各角落里，探访北京的古迹。

后来在北平，他邀集十几个小学生，都是当时国民党领袖的子弟们，由他亲自施教。蒋经国先生就是其中之一。

据蒋经国先生说，有一天，有人送他老先生一辆人力车，先生要他拿一把锯子来，把这辆车子的两根拉杠锯掉。他以为先生在开玩笑，不敢动手。后来先生说："我要你锯，你就锯。"锯了以后，先生看看杠子锯断，哈哈大笑。就同他把这辆没有拉杠的车身，抬到书房里。他老先生一面坐上去，一面对他说："你看舒服不舒服？我现在有了一张沙发椅了！"接着他老先生又说："一个人有两条腿，自己可以走路，何必要别人拉。"（蒋经国纪念先生文，一九五三年十二月九日《台湾新生报》）

在抗战时期，他老先生住在重庆上清寺一间小屋里，和在北平时一样简陋。他的卧室兼书房，最多不过十尺或十二尺见方。一张木板床，挂上一顶旧蚊帐，床上一袭蓝布被，一个古老式的硬枕。对着一张小书桌，桌旁墙上贴了一张自己写的"斗室"两字，每字约三四寸长方形。（陈伯庄纪念先生文，

《今日世界》第四三期）

有人问他，政府为他盖上了一所小房子，为什么不搬过去住。他回答说，他生平不修边幅，坏房子住惯了，好比猪猡住猪圈里，住得很舒服。如果有人把猪猡搬到水门汀的洋房子里去，猪猡反而要生病的。救救他的老命吧，他是住不得好房子的。（罗敦伟纪念先生文，《畅流》第八卷第七期）

这种简陋的生活，人以为矫情。我知道他并不如此。他以为一个人当逍遥于宇宙之间，纵横万万里，古今万万年，短短的人生寄居于斗室之中或高轩之内，是没有多大分别的。只要读过先生所著《上下古今谈》的人们，都会知道先生之思想，常以无穷尽的天体，无限数变化万千的星辰为对象。无论高轩大厦，在先生看来，直与虾房蟹舍等耳。而且他住惯了斗室，要他搬入大房子，好像乡下佬入城，自而觉得有些不自然。猪圈的比喻，不是完全说笑话。

我在昆明的时候向先生乞书，先生以篆书为我写小中堂一幅，信笔拈来书《庄子·逍遥游》篇中的"背负青天而莫之夭阏者而后乃今将图南"句以赐余。让我将这句话译出来，使大家容易懂得。

这句话的上文，为描写一只大鹏鸟，它的背长，约莫有几千里，发怒飞上天空，它的两翼像从天垂下来的云朵，飓风一起，就会乘风飞向南冥去。南冥是天池。飞的时候，击动水面三千里，旋转而上九万里，于是凭借风力，"背负青天，一无障

碍，乃乘风向南冥飞去。"（原句意译）

这幅小中堂里所引庄子的寓言，可以代表先生的人生观。像大鹏鸟一样纵横万里，任风所至而至。自由自在，逍遥天地间。先生一生行动，脱胎于此种观念，这是根据老庄的自然哲学。故其行踪所至，必游山玩水，力避尘嚣，不受繁文缛礼的羁绊。独来独往，视富贵如浮云，纵观山高水长，游目林泉之胜，使他在大自然中度生活。

抗战前夕，最高军事领袖驻节庐山，这时战事气氛浓厚，人们心绪紧张。他老先生还独自一个人步登汉阳峰，这是庐山的高峰，海拔六千多尺。那是一位贵州矿师谌湛溪君说的。那次天色将黑了，谌君步到峰头，却见吴先生一个人正在那里赏玩暮景。（陈伯庄纪念先生文）

我在牯岭的时候，有时也碰见先生独自缓步，踏登青苔滑步的石级，穿云雾，涉松林，听鸣泉。他襟上常挂着一只计步表，表针每步一跳。返寓后看表而知所行之步数。这小小的一个仪器，可以为先生欣赏近世机器之象征。

先生之篆书颇具独特风格，但他说："装饰墙壁与其挂字画对子，不如挂锯子、挂斧子。"（董作宾纪念先生文，《中国一周》第一八五期）因为这些工具，是机器的简单代表，可用以制造物质文明的。

先生虽极力提倡科学，并相信在物质方面，人工可补天工之缺陷；但对于近世卫生之道，不甚讲究。对于自己身体，仍采用顺天主义，不以人工补救人体的缺陷。大概因为先生体力健康逾常人，自己认为得天独厚，既无缺陷，无须补救。他牙脱不肯镶补。他说人老齿落，是个天然的警告，告诉你体力和消化力都衰了，不要再馋嘴了。你该用那疏落的余齿，慢慢地细嚼食物，自然节减食量，适应那衰退的需要。（陈伯庄纪念先生文）这几句话当然有一部分的理由，但信之过度，是危险的。

我在浙江大学任内，请他住在校长公舍里，和我的卧室间壁。知道他在那时候夜间但假寝，不脱衣。黎明不吃早餐就出门去了。夜间回来才知道他独自信步漫游西湖，欣赏湖山林泉之美。吃饭也不按时间，饿了就在小食铺里胡乱吃一顿，化不了几个铜板。

他像一位苦行僧，虽然他不信超世主义，也像一个游方道士，虽然他不相信由自然主义变质而成的道教。到了晚年他病了不愿就医，就医不肯吃药。

李石曾先生曾对我说，吴先生如能略讲卫生，以他的体力之健，今日必尚健在。

中国学者往往把老庄哲学和孔孟学说融化为一。经世则孔孟，避俗则老庄。当然后者也吸收了不少释家超世哲学，不过各人有不同的成分罢了。

先生却反对释道混合的超世主义，尤反对儒释混合的宋儒心性之学。后者即为清儒所一致反对者。清儒之反宋儒，就是这个道理。

他的人生观是任自然的人生观。海阔天空，上下数万年，纵横数万里。人生其间，自由自在。先生之思想行动，实为老庄哲学之本色。前面所述的《庄子·逍遥游》中语，足以为先生写照。世人不察，以为其行为怪僻，诚如庄子所说的"蟪蛄不识春秋"也。

先生自己的思想里存有两个古今相隔三千年的观念。以今之机械文明教人，以古之老庄哲学处世。因此我们看不懂他的生活习惯。我们若把先生看作手操电动机器，制造近世应用物品的一位道人，就相去不远了。先生要把线装书抛入毛厕里，但他的脑袋里却留着两部线装书——《老子》和《庄子》。他的宇宙观开始的几句话，就是《老子》"有物混成先天地生"的一个观念，糅合了近世的进化论——宇宙不断的在变化中。现在让我们把他自己的话引在下面：

> 在无始之始（此系由佛家"自无始来"改编而成的），有一个混沌得实在可笑（采取《老子》"有物混成，先天地生"的观念），不能拿言语来形容的怪物（即"名可名，非常名"的意思），住在无何有之乡（借庄子语）……自己不知不觉便分裂了（如细胞的分裂）……顷刻变起了大千宇宙，至今没有变好（这是说宇宙永远在变化中）……这是我的宇宙观及人生观。（《一个新信仰的宇宙观及人生观》，

《吴稚晖学术论著》三十页)

先生又说：

> 人便是宇宙万物中叫做动物的动物。……后面两脚直立。……（这样虽）止剩两只脚，却得了两只手。（他的）内面有三斤二两脑髓，五千零四十八根脑筋，比较占有多额神经系的动物。（同上三十三页）

人以宇宙作戏台，玩弄他的把戏。所以先生说：

> 生者演之谓也……生的时节就是锣鼓登场，清歌妙舞，使枪弄棒的时节。未出娘胎是在后台，已进棺木，是回老家。（同上三十四页）

这里说"舞枪弄棒"是一个比喻，犹如说用双手制造机械，又以机械帮助双手制造物品，所以先生又说：

> 物质文明为何？人为品而已。人为品为何？手制品而已。……手之为工具，能产生他工具。（同上四十五页）
> 用两只手去做工，用脑力去帮助两只手制造机械，发明科学，制造文明，增进道德。（钱思亮引先生话，《中国

一周》一八五期)

为什么物质文明会增进道德呢? 先生说:

> 吾决非(只知)崇拜物质文明之一人,惟认物质文明为
> 精神文明所由寄而发挥,则坚信而无疑。……物质备具,
> 充养吾之精神……而后偶任吾个体之返本自适,遂有若
> 天地甚宽,其乐反未央耳。(《吴稚晖学术论著》一四五
> 页)

广义的道德,即属于精神文明。物质具备,始能使个人返
本自适,得优游自在之机会,欣赏大自然之美,享精神上之快
乐。先生之主张发展物质文明,其用意在此。先生之刻苦自
持,实因中国物质未具备,以节俭作"返本自适"之代价耳。
先生认东西之所以不同,以物质是否具备为标准。所以他
说:

> 以东方不能备物之民,与西方备物甚富之民较,固无
> 异由人力车夫之短垣,以窥吾室,备物周与不周而已。(同
> 上一四五页)

东西之所以不同,虽不能说如此简单,但不能不认此为

最显著之对照。

吴先生上承顾、颜、戴实事求是之余韵，下接近世西洋物质文明，而以发展科学为人生之要图，救国之大道。主张把线装书抛入毛厕，为旧日学问暂时作一总交代。

他于民国三十年自己宣布他的信仰是（同上八十三页）：

（一）我坚信精神离不了物质。

（二）我是坚信宇宙都是暂局，然兆兆兆兆境没有一境不该随境努力，兆兆兆兆时没有一时不该随时改进。（这是说宇宙永远在进化。）

（三）也许有少数古人胜过今人，但从大部分着想，可坚决的断定古人不及今人，今人不及后人。（因为永远在进化，所以今胜于古，后将胜于今。）

（四）善也古人不及今人，今人不及后人，知识之能力可使善也进，恶亦进，人每忽于此理，所以生出许多厌倦，弄成许多倒走。（这是说善恶均在进化之中。）

（五）我相信物质文明愈进步，品物愈备，人类的合一，愈有倾向，复杂的疑难亦愈易解决。（此所以使先生信仰物质文明。）

现在让我们谈一谈先生经世的功绩。一个是"语同音"的工作。即是现在我们所熟知的"注音符号"的制成，一个是大声疾呼,唤醒国民了解"共产主义将来必危害中国"。

我们先讨论注音符号之制成与效果。先生有一度曾很热心的赞成采用世界语,后来却不谈了。只一心一意向注音符号的一条路走。

据梁容若先生在《中国一周》一八五期里所说,先生在国语上的主要贡献有六点:(1)主持民国二年的全国读音统一会,制定注音字母(以后改称符号),审定常用字读音,手编第一部《国音字典》,为国语统一奠定基础。(2)从民国八年(一九一九,即五四运动那一年)起以三十年的长期领导教育部的国语统一会。(3)审定各种国语重要书籍,如《国音常用字汇》、《中华新韵》、《国语罗马字拼音方式》等。(4)设立国语师范学校,并于师范学校增设国语科,训练推行国语人才。(5)倡导语文的科学研究。(6)注意平民教育教材,使其通俗化、简易化。

国语教育在台湾推行于全部中小学校,在短短十数年中,使台湾与北平同为国语区域。这是于将来使全国"语同音"立了一个好榜样。两千几百年前秦李斯作小篆,使"书同文"奠定基础。以后继续改进与简化,使成一种比较简便的标准字体,即现今通行之楷书,沿用至今已二千余年了。民间虽代有减少笔划之简体字流行,但官书之标准未改。

"语同音"的影响,我们不相信将来会比"书同文"为小。我们在台湾只要和青年人谈天,就知道他们说一口标准的国语。有一次黄季陆先生在乡间对几位本省青年说话，最后向他们问："你们懂我的国语么？"其中有一位摇摇头笑了一笑，答道"先生说的不是国语"。诚然，黄先生说的是四川官话，本来是很接近国语的。注音符号使每字读音标准化，因此造成了标准的语音。我们在广播里听小姐们说话和歌唱，我们就听到更漂亮的标准国音，使我们分不出哪一位是台湾或广东姑娘、江苏或山东姑娘、新疆或东北姑娘。

"语同音"现在已经达到标准化了，我们不得不感谢吴老先生三十年领导之功，我们希望历代民间所用的简字，也使它标准化，并因时代之需要，增制新简字。这事比较容易办，只要民间有一团体发起研究，最后当局自会采用的。这种成就，不能不归功于先生三十年长期的领导。

说到注音符号与汉文的结合，先生更取韩文、日文来评较一番。他说：把留声机字济急，实系圣品，然竟把他代用文字，又变痴愚。文字之所以著变化，异状貌，设繁多之条例，乃随事类繁赜，学理艰深而滋乳，出于不得已，非故为其吊诡。朝鲜人造着有音无别的谚文，欲适用于平民教育，初意或亦有当。然竟与汉文严划鸿沟，谚文亦不入汉文一字，汉文亦不入谚文一字，且使谚文所任职务，未免过重。非但算留声机器，竟且认为普通文字，置汉文为高等。于是高等的汉文，自然变成敬鬼神而远之。而谚文遂牝鸡司晨矣。从此高深之学问，即停滞而难治。（按越南亦犯同病。某日，农复会为吴廷琰总统作简报,译人说越语,余见其所笔记者,纯为汉文。)

就文字功用说,日本的文字,可以说是世界上最占便宜的文字。因为一、它居然也可算拼音,好在几乎声母韵母都不分。在文字上失资格,固即为此,而在拼用上十分简便,亦即为此。二、假名独用,谚文的功用,即已包括在内。三、倘若要陈说高深学理,或要分别契约条件,他老了面皮,竟夹入汉文,也不顾非驴非马。所有诔墓颂圣,吟风弄月,装饰品的文字,又能也请汉文撑场,无朝鲜之蠢而有其雅。日本有如是最占便宜的文字,所以帮了他,能够学理精造,仰企欧美各国,智识普及,远高西班牙、俄罗斯了。

我国今以注音符号与汉文结合,在文字功用上,未尝不可更占便宜。即可利于平民教育的进行,亦无妨于高深学问的研讨,无损于汉文固有的优美状貌。总之,离之则两伤,合之则双美,倚此双美,最轻便的解决二百兆平民大问题。(《稚老闲话》)

……

民国十六年(一九二七)清党之前后,蒋总司令驻上海龙华交涉员公署,即以该地为总司令部。当时先生约蔡子民先生、邵元冲先生及余共四人与总司令邻室住宿。吴、蔡两先生与蒋总司令朝夕讨论清党大计,吴先生并约清党明令未宣布以前我们四人不得离此外出,以免外人探知吴、蔡两公行踪,多所推测。而这"无盔甲的袁世凯"尤为共产党人所注目,邵君与我不过为两个忠实的随员而已。清党之政策既定，于是由总司令电召前方将领来此共商大计。何敬之（应钦）、李德邻（宗仁）两总指挥及其他重要将领先后到达，一致同意清党。总司令部地窄，各将领晚间都睡在客室或饭厅里临时搭起的行军床。

后来汪精卫也被邀而来。只有吴先生一人与他辩论，列举事实指出共党"篡夺党权之阴谋"，本党应该注意。精卫表面对吴先生的忧虑似乎同意，而心实未赞成。所列举的事实彼亦无法反驳。吴先生以为已经说服了他，事后似乎颇为满意。第二天上海报上发表了陈独秀、汪精卫共同宣言，主张继续国共合作。吴先生看见了报，就冒火了。那天整天整晚写了一长篇文章，骂汪精卫为僵尸"白毛氄氄"，然到处撄人。不久清党明令发表了，陈、汪两人也无可奈何了。

从这段经过看来，先生实能于国家危急之际，表示其"实事求是，莫作调人"的精神。先生根据共党"阴谋"之事实，作坚决之判断，不游移两可，身居调人。

"实事求是"本来是清儒共具之精神。在光绪年间，杭州有求是书院之设立，即为表示此种精神的一个实例。至与"莫作调人"联起来，那是见之于江阴南菁书院的山长（校长）黄以周先生之座右铭。

据吴先生自己讲，他在二十五岁考入南菁的时候，第一天去见黄山长，见其座上写着这八个字，在他一生留下很深的印

象。(杜呈祥纪念先生文,《自由青年》一卷三期)

先生秉性倔强,凡他认以为是的主张,不肯轻易放弃,但一旦认为非是,即毅然决然的改变。我好几次听见他所讲的两个故事,就是两个实例。他说他赴日本留学,临行以前,有人劝他剪辫发。他勃然大怒说:"留学就是要保存这条辫子,岂可割掉!"

在日本留学时,好多人劝他去看中山先生,他又勃然大怒说:"革命就是造反,造反的就是强盗,他们在外洋造反的是汪洋大盗,你们为什么要我去看他!"后来一见中山先生,听其谈论,就五体投地的佩服他。可见吴老一旦知其所见非是,就会立刻改变。但不作模棱两可的调人。

吴先生有一良好习惯,几十年来,他把人家写给他的片纸只字,包括请吃饭的请帖在内,都分类归档。汪精卫给他的信,没有一封不入档的。所以他与汪辩论起来,汪所忘了的,他偏忘不了。所以两人打笔墨官司的时候,汪总吃了亏。有时我与汪谈起先生来,他常嗤之以鼻,有时会急遽的说一句"这个人我不理",同时右手在空中掠过作势,表示轻蔑他的意思。

经过了八年抗战……吴先生经友人力劝,始离沪赴台,于离沪的前夜,在寓中烧了大批文件,就是那些档案的一大部分。胡适之先生深以此种史料之毁灭为可惜。这是人所同感的。

先生爱国情切,于此时又亲笔写了两千三百多字长的《敬告侨美全体同胞书》,劝侨胞在美效秦庭之哭。书中说明自第二次世界大战以来，"共匪祸国经过"，并述马歇尔将军调停国共之失败，美国停止军援之不当，苏联从中挑拨离间的伎俩，其记载皆系史实。该稿已由台北中央文物供应社影印出版，此恐系先生最后之长篇文也。

他老先生于一九四九年二月到了台湾以后，健康日趋下坡。于一九五三年十月三十日逝世，享年八十九岁。

先生有一篇遗嘱，内容都是讲的家事，但很富有意义。他把几年来的账目，算得很清楚。到台湾以后，先生的全部收入是薪水一万四千元，"总统府"拨给的医费四万九千元，写字收入的润资共计一万七千元。这些钱除了开支以外，本有些剩余；但是因为存在合作社里，结果被倒掉了。所以在结帐的时候，写上"恰当"二字。后来，先生身边又余了一点钱，这是他在写遗嘱以后的少数收入。他希望把这点钱送给亲戚；并在遗嘱上写了一句："生未带来，死乃支配，可耻。"（蒋经国纪念先生文）

后来，他又亲笔为当局拟了一道命令，开头写着"总统府资政吴敬恒"字样，其余的话，都是用先生平日幽默的语气写成的，所以未完全为当局所采用。这道手拟的命令是狄君武先生当时给我看的，因为狄君是始终陪伴着先生的。

先生认为死是"回老家"，来自大自然，仍向大自然回去。所以处之泰然。

后来当局尊重吴先生的遗意，把他的遗体火化，又把骨灰装入一个长方形的匣子里，由蒋经国先生等诸位乘一小船伴送到金门附近海上，在海军舰上所奏哀乐悠扬中，沉入海底。时在一九五三年十二月一日。

这颗慧星乃悄然投向天边地角而去，倏忽幻灭了。五千年之期到时，果如他老人家所说，无政府主义实现了，在一个满天星斗闪铄，一道银河耿耿的长夜里，人们会看见一颗光芒万丈的扫帚星，横扫天空而过，那是他老人家的化身，来庆祝无政府社会的成立。

让人们等着吧，只短短的五千年！

最后请以先生之宇宙观及人生观综合的两句话作本文的结束：

"悠悠宇宙将无穷极，愿吾朋友，勿草草人生。"（吴著《一个新信仰的宇宙观及人生观》）

（原载《传记文学》第四卷第三期）

忆孟真

　　十二月二十日午前，孟真来农复会参与会议，对于各项讨论的问题他曾贡献了很多宝贵的意见。其见解之明澈，观察之精密，在会中美两国人士，无不钦佩。他忽尔讲中国话，忽尔讲英国话，庄谐杂出，庄中有谐，谐中有庄，娓娓动听，我们开了两个钟头的会，他讲的话，比任何人多。孟真是一向如此的。他讲的话虽多，人不嫌其多，有时他会说得太多，我们因为是老朋友，我就不客气的说："孟真你说得太多了，请你停止吧！"他一面笑，一面就停止说话了，我们的顾问美国康奈尔大学农业社会学教授安得生先生会后对我说："你太不客气了，你为何那样直率的停止他说话。"我回答说："不要紧，我们老朋友，向来如此的。"我记得好几年前有两次，我拿起手杖来要打他，他一面退，一面大笑，因为我辩他不过，他是有辩才的，急得我只好用手杖打他。

同日午后，他在省参议会报告，他就在那里去世了。我于第二天早晨看报才知道，那时我有说不出的难过，我就跑到殡仪馆里吊奠了一番，回到办公室做了一付挽联，自己写就送了去，算是作了一个永别的纪念。挽联说：

学府痛师道，

举国惜大才。

孟真办台湾大学，鞠躬尽瘁，以短促的几个年头，使校风蒸蒸日上，全校师生爱戴，今兹逝世，真使人有栋折梁摧之感。

孟真之学，是通学，其才则天才，古今为学，专学易，通学难，所谓通学就是古今所说之通才。

孟真博古通今，求知兴趣广阔，故他于发抒议论的时候，如长江大河，滔滔不绝。他于观察国内外大势，溯源别流，剖析因果，所以他的结论，往往能见人之所不能见，能道人之所不能道。他对于研究学问，也用同一方法，故以学识而论，孟真真是中国的通才。

但通才之源，出于天才，天才是天之赋，不可以微倖而致。"国难方殷，斯人云亡"，焉得不使举国叹惜！

我识孟真远在民国八年，他是五四运动领袖之一，当时有人要毁掉他，造了一个谣言，说他受某烟草公司的津贴。某烟草公司，有日本股份。当时全国反日，所以奸人造这个谣言，我在上海看见报上载这个消息，我就写信去安慰他。但是当时我们并没有见过面，到这年（民八）七月里，我代表蔡孑民先生，到北平去代他处理北京大学校务，我们两人才首次见面。他肥胖的身材，穿了一件蓝布大褂，高谈阔论了一番"五四"运动的来踪去迹。那年他刚才毕业，但还在北大西斋住了一些时，此后他就离校出洋去了。我们直至民国十一年方才在英国见面，他那时在学心理学，后来我在德国，接到他的一封信，他劝我不要无目的似的在德、奥、法、意各国乱跑。他提出两个问题要我研究。第一个，比较各国大学行政制度。第二各国大学学术的重心和学生的训练。这可证明他不但留心自己的学业，而且要向人家贡献他的意见。

他后来在广东中山大学担任教授。我在北平，他在广东，彼此不见面好几年。直到后来他担任中央研究院历史语言研究所所长，见面的机会就多了。

当时我在南京教育部，中央研究院也在同一街上，两个机关的大门正对着。所以见面的机会特多。当我在民国十九年回北京大学时，孟真因为历史研究所搬到北平，也在北平办公了。九一八事变后，北平正在多事之秋，我的"参谋"就是适之和孟真两位。事无大小，都就商于两位。他们两位代北大请到了好多位国内著名的教授，北大在北伐成功以后之复兴，他们两位的功劳，实在是太大了。

在那个时期，我才知道孟真办事十分细心，考虑十分周密，对于人的心理也十分了解，毫无莽撞的行动。还有一个特点使我永远不能忘记的，他心里想说什么就说什么。他说一就是一，说二就是二，其中毫无夹带别的意思，但有时因此会得罪人。

十二月十七日为北京大学五十二周年纪念。他演说中有几句话说他自己。他说梦麟先生学问不如蔡孑民先生，办事却比蔡先生高明。他自己的学问比不上胡适之先生，但他办事却比胡先生高明。最后他笑着批评蔡、胡两位先生说"这两位先生的办事，真不敢恭维"。他走下讲台以后，我笑着对他说"孟真你这话对极了。所以他们两位是北大的功臣，我们两个人不过是北大的功狗"，他笑着就溜走了。

孟真为学、办事、议论三件事，大之如江河滔滔，小之则不遗涓滴，真天下之奇才也。今往矣，惜哉。

（原载一九五〇年十二月三十日台北《中央日报》）

谈中国新文艺运动
——为纪念五四与文艺节而作

一、北京大学与学术自由

　　记得我幼年在小学念书的时候，常听到绍兴一位翰林和一位举人的大号。翰林是蔡鹤卿先生，举人是徐伯荪先生，后来又听说绍兴中学有位教务长周豫才先生。如果只讲这三个号，现在的人们可能都很陌生，以为不过是三个绍兴土老儿。但当我把他们的大名字讲出来，大家就会知道了。其中两位对近代文坛影响很大，一位为近代中国革命而贡献了生命。

　　上面所说的翰林就是我们知道的蔡元培先生。鹤卿是他的号，后来另号孑民，旧号就很少人知道了。他是同盟会会员，国民党党员，与中山先生是很好的朋友，当他点翰林的时候，年纪很轻，后来又到德国和法国去留学，回国后任北京大学的校长。他在北京大学时，倡导学术自由，为中国学术界开创了一个新的方向。这个主张，虽受希腊哲学家讲学自由的影响，但根本上还是从中国儒家"道并行而不相悖，万物并育而不相害"的原则推演出来的。他在北京大学校长任内，网罗全国各式各样的人才：有国学名宿刘申叔（师培）、黄季刚（侃）诸先生；中西学问渊博，有带着辫子，玩世不恭，国际闻名的辜汤生（鸿铭）先生；还有带辫子主张复辟，时来北京大学作客的罗叔蕴（振玉）先生和王静庵（国维）先生，他们两位都是研究甲骨文专家；首先提倡民主与科学，后又发起组织共产党，结果被共产党开除而被称为取消派的陈独秀先生；以及提倡文学革命为我们所熟知的胡适之先生等，都被网罗在北京大学之内。自从这个学术自由的种子播下之后，中国近代学术界便开出了一朵灿烂奇葩。各种思想都从这个种子而萌芽苗长。

二、鲁迅兄弟

讲到周豫才先生，这个绍兴土老儿，与近代中国文坛关系很大，他为中国文艺创造了一种特殊的风格。众所周知的鲁迅，就是周豫才先生，名树人。他本来是一个预备学幕友（绍兴师爷）的人，后来弃了绍兴人世传的旧业，改习水师，又弃水师赴日本学医。最后到北京教育部当金事，并在北京大学教几点钟课。他住在绍兴会馆，收入不多，因为穷，就写点文章，以稿费补助衣食费用的不足。他很健谈，但一口绍兴官话，除了同乡外，旁的人听了有点费力。碰到谈得投机的，他便无话不谈。一付绍兴师爷的态度，那深刻而锋利的谈话，极尽刻薄、幽默与风趣之能事。我所知道他的早年作品，如《狂人日记》（民国七年）、《阿Q正传》（民国十年），都只为了好玩，舞文弄墨，对旧礼教和社会现状挖苦讽刺一番，以逞一己之快。这种文学，在当时是受人欢迎的，因为当时的人们多半不满于现实，心中苦闷，他便代表大众以文字发泄出来了。

鲁迅有个兄弟叫周作人，号岂明，也在北京大学当教授，他的写作风格很轻松，对人生看得很淡泊，有些所谓道家气味，他曾在日本研究希腊文，可用希腊文读书。两兄弟彼此训练不同，意见也相左。哥哥常在弟弟家里闹架，弟弟讨了个日本太太，跟鲁迅格格不入，闹得更厉害，由此可见他们家庭的一般情形了。

提到鲁迅的笔法锋利与深刻，我们可以他的《狂人日记》为例。多年前我读过这书，至今还记得书中那狂人看见间壁邻舍赵家的一只狗，竟认为那只狗不怀好意，不然为什么看他几眼？他这种描写，使我感到自己也和那狂人一样，想像着那只狗的眼睛，便觉得可怕。这就是鲁迅文字写得深刻的地方。

三、绍兴师爷阿Q正传

现在让我把《阿Q正传》写作的背景谈一谈。

当辛亥（民国前一年）革命的时候，革命军到了绍兴，当地的土豪劣绅，摇身一变，就成了革命党人，作了革命党的新官吏。这班新官吏，比满清官吏更坏，加倍鱼肉乡民，阿Q就在这种新的统治之下牺牲了生命。

阿Q代表无知乡民，被人欺侮，受官吏压迫。在广大的农村里，成了全国被压迫者代表人物。鲁迅把他描写出来，成为自然主义和写实主义的一派文艺。对于乡村现状，作锋利和深刻的批评。其中却包含了不少挖苦词句，和幽默口吻，这也是吸引读者的一个诀窍。

作者幼时常听绍兴师爷们谈天或讲故事，其锋利、深刻、幽默、挖苦，正与《阿Q正传》相似。若把那些片段的故事凑合组织起来，也会成为类似《阿Q正传》的作品。

酒也是一个重要的因素。绍兴黄酒，味醇而性和，人多喜爱。现在我们在台湾所喝的黄酒，就是仿造绍兴酒的。阿Q有时喝了几杯黄酒，胆就壮了，话也敢多说了。有时却在这种情况之下闯了祸，酒醒后，一切仍归幻灭。

"刑名钱谷酒，会稽之美。"这是越谚所称道的。刑名讲刑法，钱谷讲民法，统称为绍兴师爷。宋南渡时把中央的图书律令，搬到了绍兴。前清末造，我们在绍兴的大宅子门前常见有"南渡世家"匾额，大概与宋室南渡有关系。绍兴人就把南渡的文物当吃饭家伙，享受了七百多年的专利，使全国官署没有一处无绍兴人，所谓"无绍不成衙"，因为熟谙法令律例故知追求事实，辨别是非，亦善于歪曲事实，使是非混淆。因此养成了一种尖锐锋利的目光，精密深刻的头脑，舞文弄笔的习惯。相沿而成一种锋利、深刻、含幽默、好挖苦的士风，便产生了一部《阿Q正传》。

至于徐伯荪先生，就是革命前辈徐锡麟先生，也就是在安庆刺杀巡抚恩铭，后来被挖出心肝致祭恩铭的人。他的事业在革命政治方面，与文艺无关，所以我在这里不谈了。

四、胡适之先生与白话文运动

现在让我谈一谈胡适之先生，他的文学革命有几个要点（民国六年）。

①"要有话说，方才说话。"

②"有什么话，说什么话。"

③"要说自己的话，别说别人的话。"

④"是什么时代人，说什么时代的话。"

他所提倡的白话文，对于普及文化的功劳很大，这是思想工具的革命，用白话文代替文言写作，使全国易于运用，只要稍稍训练一下，就可用文字发表自己的思想了。

有一个有趣的例子：当白话文开始通行的时候，学校里的墙壁上，匿名揭帖忽然增加。因为以前或用打油诗骂人，或用其他韵文论事，总要古文有相当根底才行，不然就会被人骂为不通而失其效用。白话文则无论阿猫阿狗都会写上几句。

白话文运动，既由北京大学的教授所发动，因为这些发起者是著名大学里的著名学者，也就把白话文的地位提高了。没有几年，全国青年，便都改用白话文。后来教育部又采用白话文编辑学校课本因而通行全国。这一思想工具的改变，关系十分重大。迄今我们无论写什么文章，讨论什么学问，都已采用白话文了。这就是文学革命中改革文字工具的结果。

白话文为什么会发展得这么快呢？那自然是因为文言不容易写，而白话文却是容易写的。因此白话文成为全国人民，尤其是青年们所需要的一种文字工具。另一个原因是书坊的投机，书坊因为青年要看白话文，出了许多似白话而非白话的书，虽然为谋利，但作用却是很大的。

五、陈独秀与文学革命

那时候，陈独秀正在北京大学担任文学院长（民国五年就职），也极力推动文学革命，他的《文学革命论》（民国六年）提出三点：

① "推倒雕琢的、阿谀的贵族文学，建设平易的、抒情的国民文学。"

② "推倒陈腐的、铺张的古典文学，建设新鲜的、立诚的写实文学。"

③"推倒迂晦的、艰涩的山林文学，建设明了的、通俗的社会文学。"

他的《新青年》自上海迁到了北平以后，便成为北京大学的一班朋友、一班教授和教授的朋友们，提倡文学革命和一切改革运动的中心。

"五四"（民国八年）之后，文学研究会于民国九年在北平成立。其主张可以沈雁冰（茅盾）为代表，在他的《近代文学何以重要》一文里，提出五点：

（甲）"因为近代文学不是贵族的玩具……而是社会的工具，是平民文学。"

（乙）"不是一部分贵族生活的反影，而是大多数平民生活的反影。"

（丙）"不是部分贵族的娇笑唾骂、喜怒哀乐的回声，而是大多数平民要求人道正义的呼声。"

（丁）"不是守旧的退化文学，而是向前的猛求的真理文学。"

（戊）"不是空想的虚无的文学，而是科学的真实的。"

陈独秀在《新青年》里，推崇两位先生：一位是赛先生，一位是德先生。赛先生代表科学（赛因斯），德先生代表民主（德谟克拉西）。由此可知他的根本思想本来是西方思想——民主与科学，那么为什么又要在《新青年》里发表一些激烈的思想呢？因为当时社会上还有很多旧的制度、旧的传统和旧的习惯，在束缚和压迫着人民，所以他反对旧社会制度和旧礼教，都曾竭力攻击。这样，大家才误会《新青年》是主张三无主义的，即无政府、无家庭、无上帝。后来人家又硬把三无主义加到北京大学一班教授的身上，那就距离事实更远了。

凡是一种新运动的勃起，旧社会的人们总是不易接受的，往往会用种种方法去破坏它，制造出种种谣言来诬蔑它，使它站不住。事实上北京大学只是主张"道并行而不相悖，万物并育而不相害"。凡教授和学生的思想，学校向来是任其自由发展，不加干涉。这也就是战国儒家的思想。

这里我来谈谈陈独秀。他为人爽直，待朋友很好。我常常和他说："我们两个人，有一个相似的习惯，在参加筵席宴会的时候，一坐下来，我们总爱把冷盘或第一、二道菜尽量的吃，等到好菜来时，我们已经吃饱了。所以大家说笑话，称我们这两个急性子，'同病相怜'。"

陈独秀的许多激烈的言论，是因为由习惯传下来的各种旧思想，妨碍着民主与科学的发展而引起的。所以他主张打倒原来的习惯与旧有的思想。但这不是他最后的目的，而只是一种手段与方法，用于建立一个民主与科学的新社会。

陈独秀的口才很好，为人风趣，与他谈天，是一件很有趣的事。当他离开北京大学以后，有一次因为他发传单而被警察捉去，后来由安徽同乡保出来的。以后还有几次也几乎被捕。一天，我接到警察厅一位朋友的电话。他说："我们要捉你的朋友了，你通知他一声，早点跑掉吧！不然大家不方便。"我知道了这消息，便和一个学生跑到他住的地方（刘叔雅——文典家里），叫他马上逃走。李大钊陪他坐了骡车从小路逃到天津。为什么坐骡车要李大钊同去呢？因为李大钊是河北人，他会说河北乡下话，路径又熟，容易逃出去。记得他们逃到山里的小村子后，李大钊曾写了一封信给我。他说："夜寂人静，青灯如豆。"因为他们住在乡下的一个古庙里，晚上点了很小的油灯，所以有青灯如豆之语。那时我国政权还没有统一，北平方面要捉陈独秀，但旁的地方并不捉他，只要逃出北平警察厅的势力范围之外，便无危险。

我和陈独秀常讲笑话。我是一个秀才，陈独秀也是一个秀才。秀才有两种：一种是考八股时进的秀才，称为八股秀才。后来八股废掉了，改考策论，称为策论秀才。这种策论秀才已经有几分洋气了，没有八股秀才值钱。有一次陈独秀问我："唉！你这个秀才是什么秀才？"

"我这个秀才是策论秀才。"

他说："那你这个秀才不值钱，我是考八股时进的八股秀才。"我就向他作了一个揖，说："失敬，失敬。你是先辈老先生，的确你这个八股秀才比我这个策论秀才值钱。"

陈独秀起初的思想并没有像后来共产党提出的阶级斗争和无产阶级专政等这种主张。最初，他只是替贫穷的人民打抱不平。他曾写过一篇文章，引用了《水浒传》的一首诗："赤

日炎炎如火烧，田中禾稻半枯焦，农夫心中如刀割，公子王孙
把扇摇。"他以这首诗反映出农民的痛苦和富人的坐享其成。
因此他主张改革社会，认为非改革社会不能实现民主；要实行
民主，便要同时提倡科学。

......

七、李大钊与毛泽东

在我任北京大学校长以前我曾代理校长好几年，在那一
段时期，李守常（大钊）是校长室的秘书主任，同时兼图书馆
主任，所以我们每天都见面。我们都知道他是讲普罗经济的。
其实他的经济学，是侧重社会主义的。那时候还有一班人在
北京大学里设了一个马克斯主义研究会。社会上一般人和学术
界都以为这个研究会也不过和人们主张社会主义或平民主义
一样，讲讲而已。后来为了种种关系，马克斯主义竟深入青年
的脑筋里去了。那时候人们都认为共产主义与社会主义差不
多，不过比较新鲜一点。至于马克斯主义和列宁主义，大家为
了学术上的兴趣，也只是谈谈罢了。守常在文学方面，也是主
张用白话文写作的，等到陈独秀被共产党开除的时候，李守常
早已被张作霖捉去枪毙了。李守常是一个旧式的读书人，旧式
的士大夫阶级中人，对责任非常忠心，人亦温和厚道。

毛泽东到北大图书馆当书记，是在我代理校长的时期。有一天，李守常跑到校长室来说，毛泽东没有饭吃，怎么办？我说，为什么不让他仍旧办合作社？他说不行，都破了产。我说那末图书馆有没有事？给他一个职位好啦。他说图书馆倒可以给他一个书记的职位。于是我就拿起笔来写了一张条子："派毛泽东为图书馆书记，月薪十七元。"这个数目，现在有几种不同的说法，根据我的记忆，明明是十七元，罗志希（家伦）却说是十八元，据他后来告诉我，李守常介绍毛泽东，是他建议的。这些我当时并不知情，只知道是校长室秘书主任兼图书馆主任来和我说的。后来我在昆明，毛泽东有一个很简单的自传从延安寄来，里面说是十九元。或许毛泽东所写的十九元是以后增薪时加上去的。罗志希所记的十八元，可能是因为我国的薪给，习惯上都是双数，不会是十七元的单数。总而言之，这些都是没有什么关系的事。

　　有一次，英国一位议员来华，他听到了这个我不甚愿意讲的故事，就说："那时候你给他十七元，十八元或十九元，总之只是十几元，如果你那时候多给他一点钱，也许毛泽东就不会变成共产党了。"我说那也难说，好多有钱的人也变成了共产党了。就是毛泽东不变，旁的人也会变的，不在乎姓毛的姓王的。社会上发生某种问题，总有某些人会出来的。

八、西欧个性主义思想的引进

现在我讲一讲周作人（岂明）。上面我已经说过他在日本时曾学过希腊文的。因为研究希腊文，所以是很注意个性主义的。个性主义气味浓厚的易卜生的问题剧，最初由周岂明介绍进来的《傀儡家庭》就是其中之一。丁玲的《莎菲女士的日记》是《傀儡家庭》男女主角的易位，以女子玩弄男子，作爱情的游嬉。"五四"以后女子在家庭中起了反叛，就是受了易卜生的娜拉与丁玲的莎菲的影响。他哥哥鲁迅因为要打倒社会种种恶势力，所以具有一种激烈的反抗精神。周作人却完全不同，他的文章总是平平稳稳，是一种温和的写实主义。他谈起天来也总是慢条斯理从不性急。有一次，一个日本人到北京大学来讲中日文化合作。周作人能讲很好的日语，那天，他跟日本人说："谈到中日文化合作，我没有看见日本人的文化，我倒看见他们的武化，你们都是带着枪炮来的，哪里有文化，只有武化。"日本人也没有法子驳他。抗战的时候，他留在北平，我曾示意地说，你不要走，你跟日本人关系比较深，不走，可以保存这个学校的一些图书和设备。于是，他果然没有走，后来因他在抗战时期曾和日本人在文化上合作，被捉起来关在南京。我常派人去看他，并常送给他一些需用的东西和钱。记得有一次，他托朋友带了封信出来，说法庭要我的证据。他对法庭说，他留在北平并不是想做汉奸，是校长托他在那里照顾学校的。法庭问我有没有这件事？我曾回信证明确有其事。结果如何，因后来我离开南京时很仓促，没有想到他，所以我也没有去打听。

北平讲文艺的有一个组织，名叫新月社，是胡适之、徐志摩诸人常去的地方，有时我也跟了他们去玩。但我没有写过文艺作品，因为学生闹的乱子相当多，学校行政工作也相当繁忙，我就无意管其他的事。不过新月社这班人我都认识。我好像在戏院后台，看演员们在前台怎样演唱，又怎样化装、改装和卸装。

我对陈独秀、周作人、鲁迅等人都很熟。他们都与北京大学有密切的关系。

有人说北京大学好比是梁山泊，我说那么我就是一个无用的宋江，一无所长，不过什么都知道一点。因为我知道一些近代文艺发展的历史，稍有空闲时，也读他们的作品，同时常听他们的谈论。古语所谓："家近通衢，不问而多知。"我在大学多年，虽对各种学问都知道一些，但总是博而不专，就是这个道理。

徐志摩毕业于北京大学，以后赴剑桥大学研究。我于一九二二年在剑桥住了几个星期。常与哲学家罗素、经济学家开恩斯、政治学家拉斯基及徐志摩等晨夕相见，讨论中国文化问题。后来他回到北京大学讲英国文学。他的作品，看起来很轻松也很明白，当然以个性主义与自由主义为背景的。陆小曼则作作小品文章，谈谈恋爱。因为那时候女子刚从旧社会解放出来，也和青年男子一样，大家都想尝尝恋爱的滋味。

当时讲文艺后来变成共产党的文艺领袖的几位人物，如沈雁冰（茅盾）、郭沫若、丁玲诸人都是讲西欧个性主义与自由主义一派思想的。此外，还有一个共同的特点，就是他们对当时社会的一切，感觉不满。

九、社会改革与共产主义思想的渗入

初期的文艺运动，可说毫无红色的倾向，偶或有一点，也不过谈谈而已。但是社会上种种缺点，却不是空口的德先生与赛先生所能补救。徒然讲科学和民主，不能解决社会问题。刚在这时候，共产党提出了阶级斗争的口号，强调阶级斗争是解决中国社会问题唯一的途径。运用阶级斗争，才可以打倒旧礼教旧传统的风俗习惯。连城隍庙与土地堂也要一齐捣毁，最后是无产阶级专政。这班讲文学的人，多出身于中产阶级，因国家扰攘不安，家道中落，只有靠微薄的薪水生活，所以经济情形不好。经济情形一不好，大家便同情共产主义，至少在口头上赞成无产阶级专政了。

把俄国思想引进我国，另外还有两个原因。一是俄国的文学。因为俄国的文学作品也是揭露俄国社会的不平，所以中国人很欢喜看。譬方我个人,在美国读书的时候,就曾选读一门用英文讲的俄国文学,美国人听了似不十分感觉兴趣。为什么呢?因为它是反对政府的腐败、社会的不平和贵族的专制的。这种不平之鸣,很容易获得中国人的同情,就是因有这种打抱不平的心理,才使得俄国文学作品,在中国青年群中受到了极大的欢迎。

青年人对于俄国文学既然很有兴趣,也就连带着对于俄国的共产主义发生兴趣而予以研究了。这便是俄国思想渗入我国的一个原因。

后来俄国在政治方面向我国表示,愿意取消不平等条约,退还铁路,退还满洲一切权利等,这当然是青年群众所欢迎的。此为促成俄国思想进来的另一个原因。基于这几个因素,共产主义便在我国慢慢地传布开来了。

初期的文化运动,根本上是民主的科学的,慢慢地因为这抽象的民主、科学不能解决实际问题,青年心理便有点动摇起来了,俄国思想便趁这个机会渗入。于是,他们利用民主的潮流,掌握了领导群众的实权。……因为那时民主这一名词,已经深植在青年们的心里,不能再放弃了。共产党便利用这个方法把青年们引渡到无产阶级专政的一边去。所以我国后期的文艺发展,是受俄国共产主义的影响而推动的。这种心理的形成等于为共产党铺了一条路。我国文艺发展到这种趋势,政府方面因不懂得本国社会日趋没落的背景和国际巧妙精密的阴谋，故只用两个简单的办法去应付：一个办法是禁封书局、抓人。结果愈禁，人家愈要看。抓人的范围愈广，便把鳝鱼当蛇，一齐捉起来，鳝鱼也从此对蛇表同情了。另一个办法是自己来创作文艺。但这种作品，由于政府自己对社会上各种问题负有责任，病者讳疾，而且和广大的民众脱了节，对于社会不满意的情绪，知之不深，觉之不切。因此我们的文艺作品都是些不痛不痒的东西。后来共产党把文艺移花接木地从西欧思想变成了俄国思想，从此民主思想变成了阶级思想，个性主义变成了集体主义。这一来共产党的势力在文艺界便强大起来；而真讲民主思想的文艺，便慢慢的与实际政治脱离，只好以文艺为文艺，或讲历史，或讲考据，都钻入了各人的象牙之塔。共产党呢？不论是工人群众或知识青年，从城镇到农村都被他们渗透进去。等到我们察觉时，共产主义思想已经弥漫全国了。

十、从文学革命到革命文学

文学革命是要把旧的思想重新估计其价值，并用白话文来表达思想，以科学方法研究问题。对内是讨论社会问题与思想问题，对外是输入西洋的文艺和思想。早期输入的西洋思想都是民主主义和个性主义。俄国的无产阶级专政和集体主义是后来的。在五四前后的中国，民生凋敝，政治腐败，无论何人都感不满，要说话的人们利用白话文作工具，来批评旧时代的社会思想和种种腐败的情形，觉得便利不少。例如已在前面说过的《阿Q正传》，就是批评绍兴政治上和社会上的黑暗面，对阿Q所受的苦难，表示同情。鲁迅的《狂人日记》，是利用狂人的心理，深刻地咒骂吃人的礼教。这类情形若用古文来描写就不容易达意了。他如《二十年目睹之怪现状》、《官场现形记》等白话文小说，都是攻击当时社会的腐败。至于明清时代的《水浒传》、《儒林外史》、《红楼梦》等书也都是用白话文写的。由此可知用白话文来描写事物，不自今日始，不过把它的地位提高罢了。而提倡它的又是在我国学术界地位很高的北京大学，所以一经提倡，便全国风行。

当时一般反对旧思想的人们，因各有不同的背景和经验，所以反对旧社会的目的也不同。他们在政治方面的见解固然不同，即文化方面的见解也各异，大概根本上都受西欧个性主义的影响。人们用自己的意见，来批评社会，批评历史，这是早期一般人在文学上的表现。后来有人觉得文学革命既已成功，进一步便要讲革命的文学了。文学革命掉一掉头，便是革命文学。从文学革命到革命文学，问题就多了。所谓革命文学，就是要讲文学怎样提倡革命。于是思想革命、政治革命、道德革命、家庭革命，五花八门的革命问题都来了。

大家在讨论问题的时候，有两种不同的主张。一种说我们需要原则，要先提出主义来，然后照这个主义去研究问题。

另一种说我们少谈主义，要先把问题解决，等到所有问题解决了，我们的目的也达到了。五四以后有一部分赞成胡适之先生所提倡的多谈问题少讲主义这一派。另一批人像李守常（大钊）、陈仲甫（独秀）等，则主张如要解决问题，必先提出主义来。要讨论一切问题，就该先定几个原则，主义就是原则。因此无形中成为两派：一派是专门研究主义。实际上专门谈问题也会引到主义上去的，专门讲主义呢？主义本身不能解决问题，最后还是讲到问题方面去。

又有人说我们要用科学方法解决一切问题，科学应该笼罩一切。还有人说只讲科学是不够的，问题后面还有哲学。当时有一班人喜欢德国一派的哲学，于是讲科学的人们把德国哲学称为玄学。他们反对黑格尔（Hegelian）哲学、康德哲学。他们说这些是玄学鬼，应该打倒的，他们主张用科学的方法来研究一切问题。所以五四以后的学术界，有"问题与主义"的辩论和"科学与玄学"的辩论，其影响当时人们的思想很大。

自俄国文学流入我国，共产主义与阶级斗争便跟了进来。同时俄国又不断地宣传取消不平等条约，要平等待我，这是很有吸引力的，共产党以俄国的共产主义，和俄国的文学，渗透到学校里，再由学生们传到工厂和农村。他们充分利用所有的机会，用文艺作为宣传思想和战斗的工具。

五四以来的文学革命，增强了人民对于社会与政府的不满，为国民革命军铺了一条胜利之路，对于北伐顺利的成功大有帮助。其后之革命文学，因为共产党善于利用，也为共产党的策略和主义铺了一条成功之路。

......

十二、台湾文艺界继承了西欧思想的遗产

现在台湾文艺作家们的作品，有两个特点：一个是根据"五四"以来所主张的民主与科学；一个是根据社会上本来存在的事物，如家庭问题、社会问题等予以写实的记载，此即所谓自然主义。民主主义本来以人性的尊严，个人的自由为根据的，此即所谓个性主义。概括言之，台湾的文艺作品是根据个性主义和自然主义的。

十八世纪启蒙运动的思想，对人类的尊严，人性的向善和民主政治的发展与以信心。自然主义看见实际社会里各种现象，予以客观的批评，和写实的记载。各种实际现象所显示的，虽不一定如启蒙时代对于人性之乐观，但亦不一定与启蒙时代人们所希望的相违反。人们各以自己所见据实写下来，不以主观的思想定事物之优劣。

"五四"前后所介绍进来的自然主义的作品，如法国都德之《最后一课》，莫泊桑的《项链》，小仲马之《茶花女》等

等。

同时从俄国来的写实小说如托尔斯泰的《战争与和平》、《爱娜卡琳》，朵斯妥也夫斯基的《迫害与患难》、《罪与罚》，都和法国的自然主义一脉相承的。

北欧来的易卜生的问题剧如《傀儡家庭》等，亦是属于自然主义派的。

民国十六年清党以后，共产党潜入地下活动，以写实方法，形容人民苦痛，倡为大众文艺，以布尔塞维克主义为师，而称之谓新自然主义。此新自然主义举例而论，可以茅盾之预祝共产党黎明将至之《子夜》（民国二十一年）为始，而以丁玲描写土改而得史达林奖金的《太阳照在桑干河上》（民国三十七年）为止。这段期间可说是普罗文学全盛时期。……

这几年来，共产党所欲清除的，据种种言论与事实看来，千言万语，只是一个资产阶级和个人（个性）主义的文艺思想。因为这是和共产政权与集体主义正相反的。

……

现在台湾生产进步，生活安定；普罗文学，便失了根据。即使有人大喊无产阶级专政，虽经舌敝唇焦，也无人听。按照台湾现在社会状况，只要大家努力，自然会产生一种适应台湾社会的文艺，但决不是普罗文学。

十三、"自由中国"文艺作者今后努力的方向

现在台湾的文艺作家，为什么都是写实的，都是自然主义的？这就是以五四以来，受十九世纪欧洲文艺作品的影响延续下来的。台湾文艺界中，当然也有习而不察，不知其然而然的人。因为他们是从大陆来的，本来是这样写，所以现在还是这样写。

但是这里有一个问题，要请台湾的文艺作家注意。近来所见文艺作品，大多数是从记忆方面来描述大陆的事情，这种作品写得不少了，成绩也很好。好多作品，确比在大陆时进步很多。举例而论，现在之《蓝与黑》与民国二十一年之《子夜》相较，其行文之技巧，组织之周密，今胜昔多矣。其原因在这二三十年来文艺界受欧化更深切而了解更透彻。中西两者融会贯通，如蜂酿蜜，蜜成而花不见了。此后应该把范围扩大，包括此时此地的材料，把台湾社会上的情形，研究清楚，窥知一般青年的心里需要什么？欣赏些什么？他们的烦闷和希望是什么？这都是现在的作家们应该知道的。只靠大陆的回忆来写文艺，或者躲在象牙之塔里，写些自己的幻想，似乎太狭窄一些。所以我希望在台湾写文艺的人们，跑进那努力生产、生气勃勃的农村社会里去，到工业化初期的彷徨歧路的城市里去看一看，以寻求了解，并指出正当的方向。这是我对于台湾文

艺作者们的一个建议，正确与否，还得请大家指教。

好在台湾教育普及，识字的人多，人民勤俭，而且也很聪明，若是我们的文艺作品能够拨动他们的心弦，岂不是从事文艺的一条新路线！

这十几年来，我从象牙之塔的学府，走入了广大的农村，努力推动民主与科学，使从草根里滋长起来。幸得当局的鼓励，同仁之合作，友邦之资助，民众的拥护，使民主政治，生产技术，深入民间，且能使食物生产与人口迅速增加的竞赛中，一时不致落后。窃自欣幸。回忆曩昔服务学府时，正值我国思想极度动荡之际，自"五四"以来，以迄共产党夺取了文艺领域的那段时期，又是我所亲身经历的，所以我提出来讨论一下，作个抛砖引玉的尝试吧！

（原载一九六一年五月四日中国文艺协会出版《中国文艺复兴运动》）

教育生涯一周甲

吴俊升 著

自　序

　　一个平凡的人对于过去所做的平凡的事，本无抚今追昔写出回忆录或自传的必要。因此本书作者本无意于从事这类的写作。可是前年适当作者从初学教育到后来办教育，恰恰过了六十年。六十年中所经过的事，虽属平凡，但是作者始终没有离开教育的岗位，总算是对于教育有恒心与信心的。这种恒心与信心，在后来从事教育者或者不无可以借鉴之处。加以个人对于教育，一直有一主张，以为将来国际关系无论如何改进，预计千百年后还脱不离一个强权胜过公理的世界。所以为了维持中华民族国家的独立生存，还不能在教育上忘记民族国家主义。在教育上我们固然要发挥青年和儿童的个性与自由，也要尊重世界大同的理想，但是发扬爱国精神，重视本国文化，仍是求存的根本要图，不可为了任何美妙的教育理论和高超的世界远景而牺牲的。我这种见解，乃是根据了几十年的实际体验而发生的。因此我也想将个人的体验，加以记忆与叙述，并郑重告诉我国此时和将来从事教育的人们，对于这教育上的民族国家主义，千万不可有丝毫的放松；因为数千年民族国家和文化的生存和光大，以及将来无数代的青年的前途，大部分将凭我们如何实行教育而决定的。由于以上的考虑，作者在香港《中华月报》连续发表了《教育生涯一周甲》的回忆文字。发表以后曾将其中若干错漏的地方酌予补正，承《中华月报》的许可，再交台北《传记文学》分期连载。现在又由传记文学社编印单行本问世，特叙其撰写和印行的经过，以及区区之用心所在，以就正于读者和教育界的同志。

一九七六年三月十五日，吴俊升序于香港

前　言

　　我从民国三年（一九一四）学师范起，到今年（一九七四）恰经一周甲。这过去六十年中，我一直学习教育或是从事教育，没有间断。这六十年中，不仅个人生活，经过很多的变迁，并且整个国家和整个世界，也经许多剧变。至于本国和世界的教育思潮和实施，也有许多改变。我个人适处于这个不平凡的六十年之中，虽然在教育方面没有什么成就可言，但是回溯六十年的教育生涯，以这个剧变的世界与时代为背景，将个人所闻，所见，所思，所为，就现时记忆所及，择要加以记述，或者不无教育的和历史的意义。

　　这过去的六十年，起始时是民国初建，欧战发生。后来扩展为第一次世界大战。日本乘大战机会，强迫我国接受二十一条，引起了全国的抗日情绪和运动。接着有爱国的五四运动发展为新文化运动，对于传统文化发生了剧烈的批判和改革。由于历年的内忧外患和国耻民愤，引致了国民革命，使国家归于统一，发愤图强。日本军阀素有侵略中国的野心，不愿中国的强大，由掠夺东三省进而发动全面侵华战争。后来日本又与欧洲义、德两国侵略战争相呼应，以致引动了第二次的世界大战。世界大战结束以后，世界祸源继续存在。虽有联合国，仍不能平息各地的战乱。最不幸的事是我国抗日获得胜利而不久失去了大陆。现在全世界在无秩序无法纪的一片混乱之中，茫然不知将来的归趋。这六十年中的变化之大，乃历史上空前所未有。其间所发生的各种变化，都随时影响了全世界的各个国家的教育。区区的我恰巧在这时距内学习与从事教育。虽然其作为渺小不足道，但是总与世界这些变化大事直接或间接相关，也不无一叙的价值。

在过去六十年中，我学习和从事教育的历程，可先加以概述，然后再逐段分叙。我是民国三年始学师范的，所进的学校，便是本县（如皋）县立师范学校。在学五年毕业，留校在附属小学任教一年。在民国九年考入南京高等师范学校，进教育科肄业四年。毕业后留在附属中学任教。当时东南大学已在南京高等师范学校校址同时设立，我一面在附中任教，一面又在东大教育系补读学分一年，于民国十四年在东大毕业，获得教育学士学位。东大毕业，仍在附中任教至民国十六年东大改组附中停办为止。接着国民政府成立，试行大学区制。东大改为第四中山大学，属第四中山大学区。我离开附中避乱在上海，适有同乡友人介绍我到绍兴的浙江第五中学师范部代课，我又作了师范学校的教员几个月。代课期满回到南京，便到第四中山大学区教育行政院任一名科员。民国十七年春季赴法留学，进巴黎大学文科习教育学和社会学，并旁涉哲学。民国二十年（一九三一）获得大学文科博士学位，受北京大学之聘任教育学系教授，后来兼系主任，在民国二十一年暑期系中同事杨廉教授接任安徽省教育厅长，约我临时相助，任主任秘书。暑假期满，仍返北大。到民国二十五年冬季，获得例行休假，到美国考察教育半年。民国二十六年夏季取道欧洲返国，在巴黎闻中日战事已经发生。及抵国门，得知北平已经沦陷。北京大学正奉命与清华大学、南开大学合组长沙临时大学在长沙复校。我当即赴长沙归队。后来学校决定，将三校原有的文学院迁南岳设置，由文学院院务委员会主持院务，我被选任为委员会的召集人兼主席。我在文学院任职几个月，到二十六年底，忽经电召到汉口，被命为当时新改组的教育部高等教育司司长。商得长沙临时大学当局的同意后，我便于二十七年（一九三八）一月担任新职。担任战时高等教育行政工作直到卅三年（一九四四）冬季教育部改组为止，几乎与对日抗战相终始。教部改组时，我经部派赴美考察战时教育。在美将及一年，抗战已经胜利，我受母校中央大学电聘为教育系教授，便于三十五年起先在重庆，后来复员到南京，在中央大学任教。同时兼任正中书局的总编辑，直到三十八年春季再入教育部任政务次长为止。这次入教育部未到一年，已由京迁粤，再由粤迁川，最后疏散到香港，而大陆已经完全变色。在香港参加创设新亚书院，任教两年。于一九五一年冬季往台湾膺命为出席联合国文教组织大会代表之一，在巴黎开会一月。会毕返台，再进正中书局为编审委员，主编南洋华侨小学教科书。后又复任总编辑，同时在台湾师范学院任教，并在革命实践研究院任高级班指导员。一九五四年"教育部"改组，我又第三次经征召，担任政务次长，直至一九五八年"教育部"改组为止。离开"教育部"，我辞谢党政工作，受聘任政治大学文学院长，并兼任"国防研究院"讲座。一九五九年受亚洲基金会资助赴美作杜威教育哲学研究，在华盛顿国会图书馆研究了半年；在纽约研究了近半年。一九六〇年年初，受香港新亚书院之聘重任教职，初任副校长，后任校长直至一九六九年退休为止。中间在一九六四年秋季，曾赴夏威夷大学东西中心任资深专家，研究杜威教育哲学半年。自新亚书院退休以后，继续从事教育研究与著述，并且续任新亚书院董事；参与发起新亚教育文化会；创办新亚中学，被选为董事；支持新亚研究所的继续存在。直至现在，还留在教育的岗位。

以上是关于个人教育生涯的一篇流水帐。这流水生涯，整整的消磨了六十年的大好光阴。自己写来，已经感觉烦琐，读者看来，也必定感觉枯燥无味。但是从这六十年的生涯中，有两点值得特别提明的：第一点是在这悠长的六十年中，我没有一天离开教育的岗位。我的教育的成就不足论，但是可以勉强算得上一个对于教育有信心有恒心的工作者。第二点，我在教育各方面的经验，均微幸有机会获得，几乎可以说是近于完全的。就学习教育而论，我从初级师范学校，经过高等师范学校到大学与研究院，循序渐进，没有欠缺哪一阶段。就实际教学而论，我做过小学教员，中学与师范学校教员和大学教授。就行政工作而论，在学校行政方面，做过小学级任，中学教务主任，大学系主任、院长，和独立学院的校长；在教育行政方面，做过科员，主任秘书，高等教育司长和教育次长。都是科班出身循序上升，几乎具备了教育各方面的经验。再就教育著作而论，我编写过小学课本，写过中学和师范学校教科书，也写过大学用书，和以中、英、法文发表的几种译著；并有法文著作的西班牙文译本，是和教育有关的。

从上面所述，可以见到，在过去一个花甲中，我对于教育这一行的经验的近于完备，似乎不仅是同行人士所少有的，也是他行人士所不多见的。我微幸能有机会获得这些经验，一方面实可以自慰；但是在另一方面，有此近于完备的经验，而未能获得相应的成就，也是十分自愧的。现在六十年已经匆匆的过去了。过去读书人进学以后再过六十年，可以获得一种庆典，称为"重游泮水"；在中举以后六十年，可以获"重宴鹿鸣"的庆典。以今例昔，从事教育六十年的人，应该可以自庆。这庆典应该叫什么呢？叫它是"重登杏坛"么？这未免自比圣人，实属夸妄，并且是无坛可登，还要紧防受批。叫它是"重执教鞭"么？这"教鞭"有过分重威的气息，不合教育新潮。还是叫它是"长为人患"罢。以下便是分陈我"长为人患"的经过。

初习师范和任教小学

　　我在民国三年（一九一四）毕业高等小学以后，进了如皋县立师范学校。我所以学习师范有几种原因。第一主要原因，便是家境清寒，无力升学中学，只有师范学校既不收学费且可免费供给膳宿，为清寒子弟唯一升学之路。讲起我的家境，先得略叙家世。在如皋吴姓为大族之一。一部分聚族而居于如皋南乡的车马湖。地方滨江。早已没有湖。我家这一支族，素以游宦耕读传家。上代曾经做过湖北德安府知府，在老宅建有享堂。我家也曾经过很富有的时期。据家人传说，有一位姑老太太出嫁到别村，其出嫁行列，拉长里许，都行在自己的土地上，未尝一步脚踏别家园田。当时土地之多，可想而知。后来因为历代读书应科举，不事生产，便将土地陆续卖去，由地主变成佃农。我先祖镜人公苦读成为秀才，先父云倬公则应县考得列前十名，而失败于院考。两代均靠教读糊口。我于一九〇一年出生在租赁的土地上一所茅屋内。

当时家境十分清寒，只有租田三亩。由于先父与先母薛太夫人的辛苦教养和外家的庇荫，才能读毕高等小学。这样清寒的子弟，依常例只有在家乡种田，或是送到商店做学徒，升学的可能性是很少的。可是我天资还不算迟钝，祖父和父母乃至各亲戚对我都属望很殷，望能有一日出人头地。于是大家想起学习师范不需要膳宿费，为唯一升学之路。这是我学习师范的主要原因。第二原因是先祖先父均是以教读为业。先父还是学师范出身的，也希望我继续祖业。同时先父为我决定升入师范学校，还由于他预计我师范毕业后无力升入大学，还另有一条受高等教育的出路，便是进入一切免费的高等师范学校。先父用这清寒子弟唯一可能的上进途径勉励我，我便欣然立志，第一步要考进先父的母校如皋师范学校，第二步更进高等师范学校深造。

我投考如皋县立师范学校，一开始便遇着一种挫折。由来我在投考的一班学生中，年龄最小（十四岁），而作文特别好。文题是《我之母校》。我记得文中有"他日功名事业彪炳人寰庶足为母校光耳"一句，系引用作文范本的成句。阅卷教员疑为全篇抄袭成文，不拟录取。幸亏校长何景平先生恐怕遗才，特别传我到校出题当面覆试。他为免除抄袭的可能，特出了一个无法抄袭的题目。这题目，乃是《述自乡来县城沿途所见》。我当面写成一篇，幸而和第一篇不相上下，何校长认明了我的国文程度，便把我取上了。

如皋师范学校，当时系由县费设立，规模简陋，远比不上当时江苏几所省立师范学校。可是地方安静，人民生活亦比较优裕。一县才俊之士都乐于留在家乡，不愿意外出，所以师范学校内罗致了许多优良师资，还有些老师宿儒在校任教。这对于学生程度，尤其是国文、历史和书法程度，大有关系。我后来对于中国学艺略有所知，便是植基于此。我进入师校的一年，正是第一次大战发生之年，当时并未感受任何影响。这时是辛亥革命成功的第三年，因为袁世凯当国，革命气氛以及自由民主的潮流，渐归消歇。当时学校风气，及教育理想，大抵继承清末余绪。民国元年蔡元培先生所宣布的教育宗旨，并没有对于教育实况有多少改变。教育制度和精神一部分是承袭日本的，注重纪律与秩序，所以校风严肃，师道尊重。一部分是取法于师儒的书院精神的，讲求敦品力学，克己复礼。当时江苏全省的师范学校和中学校的校风都是如此。邻县南通，为国内首创师范学校之县。南通师范学校为全国师范学校的模范。如皋师范学校的校长和教员，有一部分出身于南通师范学校，所以也承袭通师的规范。我进如师的前一年，适因膳食风潮开除了一部分学生，所以校风格外严肃。但也不太感觉有甚大的精神压迫。我校的校训是"真实"两字。大家都以此自勉。但是也有例外。我有一同房间同学，常常不请假外宿。在舍监每晚履声橐橐提灯查房以前，他早已在他的床铺上铺被安枕，伪作为有人安

初习师范和任教小学　　**127**

睡状，而自己则潜行外出。舍监在房前一过而已，并不觉察，也无同房举发。因此作伪情形始终未曾败露。可见校训真实，并未贯澈。校规虽然严格，但在日本提出二十一条迫我接受时，我校曾发生抵制日货运动，曾经将如皋巨绅所开的洋货铺的日货焚毁，我便是点火的第一人。巨绅与学校，因为这是出于爱国热忱，并未追究。

师校学生除苦读外，生活亦甚清苦。每月公家只供膳费两银元。各餐多系攻苦食淡。每星期只有星期二、五两日中午有一荤菜，多数只是每人肉圆一个，厨房谐称为"每人每"。每星期二、五乃是作文之日，这天开荤，大约还有犒劳之意。学校虽供给食宿，但是洗衣要自理。有钱学生可以出钱叫校工工余代洗，无钱如我辈则是课余自己洗衣。可怜我们不知道洗衣要用衣搓衣，不能用手搓衣。用手搓衣结果是手指起泡，不便持箸执笔。冬天天冷，双手在冻水中洗衣，又都起了冻疮。这是做清寒学生初尝的痛苦。学校伙食越来越坏，自从由合食改为分食制以后，每餐除星期二、五以外，只有白饭和素汤一碗，简直不能下咽。我们迫得各买咸菜佐餐，俾能果腹。如再不饱，则于饭后向校工买花生米充饥。花生米在如皋为有名杂食，价廉物美，同学们多视为学生恩物。我至今还嗜好这食品，是在师范学校养成习惯的。

学校功课，除了注重文史、书法而外，也有理化、博物和英文科目。理化、博物科目，是两个老秀才从日本留学回来任教的。他们讲解都很清楚。但是仪器标本不多，只由先生表演，学生观察。英文教学只是聊备一格；课本是《华英初阶》。体操、图画、手工、书法、音乐等科，都很注重，因为将来在小学任教，都要教这些科目的。其中我最感觉困难的一科是音乐。唱歌还勉可应付，踏风琴则不会读五线谱，踏复音，这是一大缺点，因为在小学任教，要会踏风琴的。我总算得教师的原谅，勉强及格，也幸而后来教小学，没有任音乐一科。

与教育有关的科目，有心理学、论理学、教育学和教授法。这些科目的教本内容，大部分是取材于日本的同类的教本的。理论和方法，都是传统式的。海尔巴脱的五段教法，及简化的三段教法，是标准的教授法。也偶然采取自学辅导法。应届毕业的一年，还要在附属小学参观和实习。参观以后，和担任教师在一起讨论和批评。所谓实习，便是在小学试教几课。试教很不容易，因为小学高年级学生，和试教师（称为教生），年龄相差不多，对于教生多不佩服，往往发出困难问题，使教生受窘。我还记得试教高小三年级国文一课，选文为《袁枚祭妹文》，幸而准备还充足，免于受窘。讲解该文最后两句："阿兄归矣，犹屡屡回头望汝也。"尚能传神，使得全堂黯然，至今记忆犹新。

在如师五年肄业期满，徼幸以第一名毕业。这时是民国八年（一九一九），我也由童年时期，渐渐进入成年时期了。我对于普通知识和诗文书法，略有基础；对于教育发生兴趣，都要归功于这五年的师范教育。

　　民国八年（一九一九）八月一日起，我开始为童子师。我留在如师附小教高小一年级国文，并为该级级任。同时兼教高小二年级英文。每周任课十几小时。薪金每月只有银币十元。在校内住宿和包膳，这微薄薪金还够开支。教课方式，偏重于讲解，也偶然用启发式教学法。国文则注重作文和批改。我所教的学生都很受教，从没有用过惩罚。其中不少聪颖优秀的，至今我还能举出现存的几个知名人士，他们并与我保持师生关系。

　　我开始任教的一年，北京已发生五四运动，后来演变为新文化运动。当时如师教员和附小同事办了一种期刊名叫《新心》，鼓吹新文化，并发动反对地方旧势力，我的思想多少受了些影响。同时白话文运动也遍及全国。上海商务印书馆发售函授讲义，提倡教育新法。附小高级部同人用一笔名共订了这种讲义一部互相研究，然后集体对于考试的问题作答，与所有各地参加函授的教师竞赛，得中第一名，共得几百元奖金。这是对于我们开始研究新教育方法一大鼓励。接着我们便为商务印书馆编辑第一套全以白话文为教材的高级小学《新法国语教科书》，在民国九年秋季开始发行。这也是全国第一套用白话文编成的高小国语教本。我和商务印书馆发生著作和出版的关系，也是以此为始。

　　在附小任教期间，如师校长曾经保荐我到南京投考南京高等师范学校附设的国语讲习科。笔试经录取，但是口试考试员问我"你"和"您"的读音和意义。我当时尚不识"您"字，落第是当然的了。我现在早已认识"您"字了。但是说普通话还夹杂乡音，标准国音更谈不上，只可惜当时未能参加国语讲习。

参加国语讲习不成，我还是一面任教，一面准备升学，到民国九年（一九二〇）我便进入教育生涯的第二阶段。

升学南京高师及东大和任教中学

　　升学高师，本是先父的设计，也是我的素志。我后来能在教育方面略有成就，升学为最重要的关键。我在小学教书时，以余暇准备升学。南京高师是公费学校，入学考试须与中学毕业生竞争。师范毕业生较差的是英文与数理科学，我便对这些科目，实行"恶性补习"。幸赖如师同学先已升入南高的吴肃兄的指导和鼓勉，我对考试有相当准备，尤其对程度最差的英文，经过吴肃兄的根据过去考题的路数，指导我作准备，我应考的成绩不但及格，并且居优等，增加了我被录取的机会。我现在想起吴肃兄的帮助，对他还是感念不置的。不幸吴肃兄后来作了时代狂流的牺牲。

　　一个偏僻县份的未满十九岁的小学教员，忽然进入了一所古旧都市的高等学府，所有感受，都是新鲜奥妙。从此眼界与思路大开，乃是自然的结果。我在南高与东大的五年之中，开始与现代文明作进一步的接触，并受许多名师益友的薰陶,学问与事业,都是在此时期初立基础。此时回溯既往,首先令我感念不忘的,是师范公费制度,为清寒子弟展开一条深造之路。如其没有这制度,我非但不能受高等教育,连中等学校,也将是望门兴叹,决没有今天的一日。因为这种感念,我所以后来从事教育行政时,不但竭力维护师范的公费制度,还将公费制度推广,使中等以上学校优秀清寒学生,都有凭公费深造的机会。

南京高师虽然供给膳宿,但是交通、书籍、衣履和零用各费,还是要自备的。我虽然十分节省,但是所费仍然不少。全赖先父任小学校长和先母节省家用,以先父薪金余款,供给我在学费用。在不足时,先母还典当首饰济急。此时想起先父先母为了我所过的茹苦含辛的生活而未能补报于万一,还时时泪下。家用的节余有限,而我在校的必要开支,与年俱增。所幸后来几年,我向报章杂志投稿,稿费的收入,可以弥补不足,完成学业。

我因为立志从事教育,所以不仅进入高师,还选择了高师的教育科。这时的南高,除了继承中国文化传统的文史地部和奠立中国科学基础的数理化部而外,以教育科与农科办得比较出色。后来改良中国农业的人才,多出身于南高农科,革新中国教育的人才,多出身于南高教育科。另有商科分设于上海,也造就了许多经济、财政与金融人才。这乃是南高、东大的全盛时期。我幸逢其盛,获益匪浅。我进南高时,校长为郭秉文先生。他是中国人在哥伦比亚大学师范学院考得教育博士的第一位，他对于南高与东大的卓越贡献，我在另一篇纪念他的教泽文字中，有详细叙述。他对于当时的教育科的特别贡献，便是延聘许多教育专家，宣扬并实行杜威的教育思想。当时教育科的教授，如陶知行、廖茂如、郑晓沧、陆志韦、孟宪承、程其保和陈鹤琴诸位先生，都是教育或心理学的权威，也大多数是崇奉杜威的教育思想的。我入南高的一年，杜威正在北平演讲。他早一年在南高的演讲，我未能赶上。但是他所发表的演讲，都在报纸刊出。我都曾阅读。教育科各位教授在课堂所讲的，多是他的理论。所用的教本，也多是杜威所写的，或是杜威一派的学者所写的。我于此时开始研讨和接受了杜威思想。杜威的五大讲演集，和他的两本与教育有关的著作《平民主义教育》（Democracy and Education）和《思维术》（How We Think）对我影响最深。使我感觉从前在如师所学的传统的教育理论和方法，都不免陈旧，应该放弃。我这时已开始成为杜威教育学派的一个信从者。

这时南高教育科的课程，除了教育学和心理学各专门学科而外，还有一般陶冶的科目。国文和英文是必修的。这两科的教学，是采取新教育的能力分组法。把全校各年级的学生，依测验结果分为高、中、初、补习四组。全校测验的结果，我分在国文中级组，英文高级组。这颇出于我的意外。因为自以为国文较英文为好，而国文分在中级组，英文反分在高级组。尤其使我惶恐的是我这一年级新生，却分在和三、四年级旧生同组，实在未免躐等。我请求英文主任改低一组。可是英文主任不同意，认为分组是根据客观标准的。不能任个人的要求更改。后来由于向同时担任高、中级两组的教授林天兰先生恳商转向英文主任请求，才能改分中级组。我特别感谢林教授的，是他在我改在中级组上课时，他向全组声明，我是自己恐怕高级组程度过深请求改组，而不是因为程度不及格而被降下的。林教授这样顾及学生的自尊心，实在是令人感佩。我幸而在中级组始终保持优良的成绩，符合林先生所说的。后来在抗战期间，我承乏高教行政时，林先生在福建担任一所英文专科学校校长，因公事和我通讯，他还特别记得我这一个后来英文无多长进的学生，我还记得这个爱护学生周到的老师。我此时追述这一段细事，似乎近于烦琐。可是我的用意在使人注意，师生的相与，即使是在细事末节方面，其影响可以历久而不泯，所以不可以不郑重措意的。

除了必修的教育和心理学而外，我在高师选修的课程，多在哲学和文学方面。刘伯明先生所授的《西洋哲学史》和《论理学》，使我获益不少，后来我在教育方面专治教育哲学，与这两科有关。文学本是我在师范学校所嗜好的。我在高师，也选了吴瞿安（梅）先生的《词选》，和李审言（详）先生的《骈文》，但是都是中途退选的。其原因在于新文学运动澎湃一时，使我对古典文学，不如以前的向往。而且瞿安先生教词，对于格律要求特别严格，仄声字，还要分别去上声，我觉得拘束过甚。李先生教骈文，对于用典和排偶也是特别讲求。我觉得两科与我兴趣欠合，而且费时费力，恐难有成就，所以中途退选。我至今勉强能做诗而不能填词；勉强能作散文不能作骈体，未尝不懊悔当时没有勉强追随名师而失去很好的学习的机会。至于散文，我上顾铁生（实）先生的国文课，并没有得益。顾先生上课并不讲作文之法。所用教本，记得是章太炎先生的《菿汉微言》，与文学关系不多。顾先生落拓不羁，讲课少涉本题，有时讲得得意，还大唱京戏。他本人对于文学造诣并不深，由于一时疏误，还写出"若汗牛之充栋"的语句，贻新文学运动者嘲笑的口实。但是顾先生对于《汉书·艺文志》、《穆天子传》以及文字学的研究与著作，乃是公认的权威，不过纯文学非其所长而已。我后来对于古文的略窥门径，还是由于在师范学校粗立根基，和平日对于古文名家的著作的继续揣摩而得，和在高师的学习是无关的。

当我在南高、东大肄业时，正是五四运动以后继起的新文化运动达到高潮的时期。当时学术文化的重镇，大家知道，在北方有北大，在南方有南高、东大。就大体而言，北大是新文化运动的策源地，南高、东大，则是维护传统文化的堡垒。我当时在南高。《学衡》杂志已经发刊。领导人刘伯明、柳翼谋、吴雨僧、梅光迪和胡步曾诸位先生，都对于新文化持批判的态度，对传统文化持保守的态度。他们代表南高、东大学术思想的主流。可是南高、东大师生之中，也有一部分对新文化运动取同情的态度的。其中最显著的便是教育科的师生。这由于我们对于教育论理和方法，接受了杜威的思想，偏向于改革和前进，形成了新文化运动的一条支流。除了教育而外，对于新文化运动中所提倡的其他方面的学术思想，也多少采取同情或接受的态度。我在这个小环境之中，深受影响，所以在当时对于学衡派的保守立场，并不同情，对于传统文化宁取批判的态度，不加重视。对于社会、家庭、道德、伦理的改革，对于政治上自由民主的重视，对于新文学运动，尤其是白话文运动的提倡，完全站在新文化运动者方面。关于白话文的提倡，我甚至有一时与少数同志相约完全用白话文写信和作文，不得再用文言。

可是对于传统文化一味批评和轻视，对于新思想新潮流一味加以接受，这只是我在南高与东大的初期的立场，后来渐渐演变。

在南高、东大的后期，我因参加了几个社团的活动，思想受了各方的冲击，渐渐由反省而修正。这时期新文化运动已达高潮。由于反传统文化，强调接受西洋文化，重视科学与民主，代表一种自由主义与国际主义的思潮。另一方面，苏联共产革命成功，中国共产党，已经秘密成立，其党员以马克斯主义研究会为公开团体，在各方吸引同志。中国国民党经过改组，也在各大学有组织活动，争取青年。同时因为由于反共而在法国组织成立的中国青年党也于此时移至国内，从事活动。这四种不同的力量，都向当时的有志青年冲击。我刚刚于此时加入了"少年中国学会"。而"少中"自民国八年成立到了民国十二、三年，已由一"本科学的精神为社会的活动以创造少年中国为宗旨"的学会，变成内部思想派别纷歧的政治团体。当时"少中"的会员的思想派别，正代表了上面所说的四种力量。他们有些是中国共产党的创始人和中坚分子；有些是中国青年党的创始人和中坚分子。有些是中国国民党党员。有些乃是无政治组织关系的自由民主分子。我便是属于这最后一派的少数分子之一。我加入了这个团体之中，受了各种不同的思潮摩荡冲击，有时感觉新奇刺激，有时感觉混乱彷徨，无所适从。这也代表这时期的时代潮流中一般青年的心理状态。

"少中"是由王光祈、曾琦、张梦九、陈愚生、雷眉生、李大钊、周太玄诸位会友在民国七年发起，在民国八年正式成立的。后来李璜、陈启天、余家菊、毛泽东、恽代英、杨贤江、周炳琳、吴保丰、沈怡、方东美、黄仲苏等会友，先后参加。我参加"少中"很晚，已快到因内部意见纷歧而停顿的时期了。最初它主要是一个青年励志团体。都是些青年有志之士团结在一起，互相砥砺学行，俾成为社会中坚人物，进而创造少年中国。我加入时，因会友思想渐趋纷歧，已不如起初的团结，但是会友间还是保持亲切的友谊，彼此鼓励进修向上，成己成物，以救国救民为职志，确能做到"以文会友，以友辅仁"的地步。我入会以后，个人的得益，实在不少。可是学问品格和友谊并不能始终团结这些处在这个大时代中，有志有为的青年。"少中"原来的宗旨，虽以砥砺学行，团结同志为起始，但其最后目的，是要创造"少年中国"。究竟创造怎样的"少年中国"呢？这并无明确的规定。虽然当初取名"少年中国"，有取法马志尼创造"少年意大利"之意，倾向于民族主义，但当时其他的政治思想与主义纷至沓来，"少中"各个会友，感受不同，便各自分别创设加入不同的政党，而"少中"便变成一个政治宣传的论坛（Forum），不再是一个亲切单纯的友谊团体了。自此以后，虽然少数未参加政党的会友，希望根据会章排除政治纷争，恢复最初的亲切团结研究科学改造社会的原来主要宗旨，可是情势已不可能。同时分属各党派的会友，也想以宣传与说服手段，转变"少中"为属于其本党的一个外围团体，也是徒劳无功。最后一次"少中"年会，是于民国十四年，在南京东大的梅庵举行，不幸成为结束的年会，而我适逢其会当了这次年会的主席。这次到会的会友多是当时在南方的，有二十人左右。其中中国共产党党员有恽代英、杨贤江、沈泽民等会友。青年党党员有曾琦、左舜生、陈启天、余家菊等会友。无党籍的除我而外，有李儒勉、黄仲苏、杨效春、唐毂、舒新城、金海观、曹刍等会友。一开会，便发生主席问题。共产党员与青年党员，都不愿以异党任主席，大家同意以中立无党籍者担任。恰巧我是少数无党籍者之一，又因为在南高梅庵开会，有地主之谊，便被推为主席了。其实论会龄与学识声望，我是不配担任此职的。开会时，为了"少中"的任务和前途，两党会友唇枪舌剑，争论极为激烈。主席只能维持开会秩序，无法导致任何积极的决议。因为两党主义，绝不相容，各不相让，是无法取得协调的。一场争论的结果，只是决定推举几位会友于会后向各地会友征询对于学会的任务和前途的意见，然后再作决定。但事后此种征询，并无结果，而青年党与共产党党员各行其是，由亲密会友而成为水火不相容的政敌，再无集合的可能，因而"少中"这一组织，便从此解体，而梅庵之会便成为"少中"送终之会了。"少中"原为一偏重友谊与学术的团体，但因为时代政治潮流的冲击而致解体，乃是不可避免之事。此时追忆各会友间尚友辅仁共励上进的亲切情谊，还是不胜唏嘘惋惜的。"少中"同仁，虽因政治主义不同，分道扬镳，其结果对于国家与人民为祸为福，也各不相同。但多数会友个人人格的完整，动机的纯洁，还是保持着当年会友的风范，也是值得自慰的。

当初"少中"会友共有一百余人，现在健存的已经很少。

现在大陆会友，多数情况不明。现在台湾的有余家菊、陈启天、刘泗英、沈怡、方东美、刘拓、汤元吉、雷宝华、朱镜宙诸位会友。现在海外者只有李璜学长和我，真是屈指可数。这少数会友，虽然政见不尽相同，可是仍念旧谊，精神互通，当年"少中"风范惟寄托于此十数人而已。

我在南高、东大时期虽在政治思潮冲击之下，虽与"少中"的共产党员和青年党员往还，但未属任何政党。这有几个原因。一因我立志以教育为终身事业，对于政治缺少兴趣；二因我为父母独生子，未脱旧时思想，不敢作政治活动，冒险犯难，贻父母忧；三因对于当时各党主张多少都表同情，难于抉择。我虽然在当时未参加任何政党，但是各政党的活动，如系我认为与国家和国民有利的，都曾以超然地位参加。我的朋友，在当时各党中，以属于青年党和青年党的外围国家主义派的比较多。我的教育思想，由赞同当时以杜威思想为主的自由、民主及国际主义的立场，渐渐加以修正和补充而兼顾民族文化的延续与发扬和爱国主义的提倡，实与青年党人李璜、余家菊、陈启天诸位"少中"会友所倡导的国家主义教育同调。在他们首先发刊《国家主义论文集》中，我便贡献了一篇《国家主义教育的发展及其评论》的文章。我写这篇文章，表示我对于文化、政治和教育思想一种转变。这转变由于自由民主的教育的鼓吹和推行，渐渐趋向极端，对于祖国文化和社会约束以及爱国情操渐渐蔑视，使国家生存发生危机；又由于民国十三年中国国民党的改组，三民主义的宣传，渐渐普及于知识界，而民族主义则着重国家的独立与自由。而当时知识界则不免有轻视爱国主义与憧憬于世界和平主义现象，引起了我的反省而趋向于国家主义。最后由于一九二五年（民国十四年），上海日人纱厂杀害工人顾正红，公共租界发生群众示威运动，租界局枪杀示威学生、市民数十人，演成五卅惨案，全国发动反日反英运动。我在东大被推为"五卅惨案后援会"主席，联络全南京各校组成后援会。此种运动遍及全国与香港，作政府交涉后盾。但是终以帝国主义的顽强和我国的积弱，并没有收到多大的效果。我因为参加此运动目击身受，所受刺激很大，便想到救亡图存，应为教育第一要图，而对于过分偏重放任自由的新教育采取了保留的态度。其时适值原为"少中"会友的青年党人发起国家主义运动，我便成为同情分子而发表了上述的论文。这论文最初是发表在《少年中国月刊》上的，后来收入《国家主义论文集》。在这论文中我所主张的国家主义，并非是狭隘的，黩武的，侵略的沙文主义（Chauvinism）或法西斯主义（Facism），乃是以国家为本位，争取生存、独立与自由的一种主义，实与民族主义相当。至于我所主张的国家主义教育，对个人而言，培养爱国精神以小我效忠大我，但仍强调保留个性发展余地；对国际而言，实行爱国教育，使本国强盛，并发展固有文化，但不妨害国际合作，甚至亦保留世界大同理想实现的可能。因为集个人而成社会，个人发展，不致妨害社会的存在。集国家而成一国际组织，保留国家民族个别特性，亦不致妨害大同理想的实现，其理相同。所以这种国家主义教育，乃是以国家为本位，求一国的富强康乐而对内不妨碍个人在国家组织内充分发展，对外则发挥民族固有文化与优美特性，保持独立自由而不妨害国际合作以求最后达于世界大同的教育。这种教育，在我开始提倡后经过五十年的今日，我还是大体主张的。虽然为了免却这个名称的较深的政治含义，我现在不以国家主义形容我的全部教育思想。

我因为最初主张国家主义教育，所以在南高与东大时期，便曾参加过与此有关的活动。民国十三年我曾参加收回教育权运动，其结果使外国人在我国办理之教会学校在中国政府注册，以中国人为校长，并不得以宗教为必修科。这是国家主义教育者对于国家教育的贡献。至于民国十一年南北两京所发起的"非基督教大同盟"，我也曾签名参加。当时乃本于两种想法，一是认为宗教与科学不相容，既然崇信科学便不能不反宗教；一是认为当时外国教会在中国除传教而外，不免有侵略国权的行为。第一种想法，现在说来，未免幼稚，第二种想法，乃是我后来参加收回教育权运动的动机。反基督教大同盟，原为共党所发起与操纵，并没有发生什么影响，我只是签名赞成而已，并未积极活动。

讲到我在南高、东大后期的学生活动，有一件事似乎和我当时所抱国家主义思想不一致的，便是在民国十三年参加筹备南京中等以上学校的列宁追悼会。尤其在此时觉得奇突的，就是在当时对于国家主义立场最坚决的，我的"少中"会友，南高同班陈启天学长，也是被推为筹备委员之一。我们两人是南高参加筹备的代表，也自然变成筹备会的主持人。在当时的南京，举行列宁追悼会乃是冒大不韪的事件。果然一经发起，地方军政当局便严厉制止，学校当局也婉言劝止。南京的警察厅长王桂林并请启天学长和我两人谈话，反覆叙说利害劝我们停止筹备。原来我们应同学的推选担任筹备，毫无政治作用。我们既不是共产党员，又不是同情共产主义。我们愿意筹备列宁追悼会，一则因为钦佩列宁的伟大人格，一则因为当时苏俄的笑面外交，再三要与中国订交，宣言放弃一切特权。俄使越飞与加拉罕相继到中国，愿意一反帝国主义的作为，和中国建立平等友好关系。当时全国舆论，对苏俄颇有好感，认为唯一以平等待我之友邦。我们要追悼这个友邦伟大领袖，还是出于爱国立场，并无为共产主义宣传的企图。既然地方军政和学校当局恐因此滋生事变而劝止筹备，我和启天学长戛然退出筹备，而这个追悼会便因此流产。事后共党人士，对我们没有贯彻初衷大为不满，我们也无所歉憾。

我此时叙述这个追悼列宁的故事，用意还在表明以启天学长和我在当时倾向国家主义尚且憧憬于共产主义的理想而想追悼其领袖，其他当时对于政治、社会一切思潮尚无主张的知识青年，在五四潮流中，对于旧传统鄙弃，对于一切新思想抱有同情接受的态度，又加以国内连年军阀混战，对外外交失败，国耻重重，有志之士，谁不愿意为救国救民，打开出路？刚刚此时苏俄共产革命成功，对内以为工农大众谋福利作号召，对外则一反帝国主义的侵略行径，争取国际友谊，尤其以废除过去不平等条约为和我国订交的条件。同时中国国民党也采取了联俄容共的政策。中国共产党并早于民国十年成立，在知识青年方面大肆宣传。那么这些知识分子的倾向共产主义，实为时势所促成，这是可以了解的。他们最初的理想，何尝不崇高？他们的最初的动机何尝不纯洁？只因误取了不适于国情的主义，生于其心，害于其政，以致发生了"误国误己的悲惨结局"。在此我当以诚挚的心情为所熟识的若干共党积极分子，在"少中"会友中，如恽代英、邓中夏、杨贤江、沈泽民；在东大同学中，如吴肃、宛希俨、谢远定诸位的作时代狂流的牺牲，表示痛惜。

最后我要记述在南高与东大校内的学生活动。我曾担任南高学生会评议会的主席。我曾发起组织教育科同班同学为甲子级会以砥砺学行，联络情谊。后来其他各科各级，纷纷起而组织类似的级会。甲子级会会员在组织时共有二十六人，现在健存的在台湾只有陈启天、凌纯声两位学长，在香港的只有我和余妇倪亮女士。其他各位，已经逝世的有韩明夷女士，在抗战胜利后，自南京乘机飞港中途飞机失事遇难。侯曜学长战时在南洋抗日失踪，想已不在人间。徐益棠学长留在大陆，因故自杀。姜子荣学长在台北因负少数钱债为负责而自杀。其他留在大陆的，或存或亡，信息不明。只有王西征学长闻尚健在。他是在抗战期间在北平西山加入抗日阵线，后来加入共党的。"文化革命"后已自文教界退休。我还记得我们的甲子级歌词中有"但愿六十年后二十六个孩子不少一个"一句，现在刚到五十年，这二十六人已经凋零殆尽了，抚今追昔，不胜感慨。

关于我参加东大易长风潮的经过，为我在南高、东大从事学生运动一件大事，应该有所叙述。东大易长，发生于民国十四年寒假，其时我休假在如皋。等到假满返校，易长风潮已起。风潮的起因，由于北京政府，突然将办学卓著成绩群情爱戴的校长郭秉文先生免职，而全校师生一面请求政府收回成命，一面拒绝新任校长胡敦复先生接任。最初全校学生一致挽郭拒胡，后来少数同学因受校外力量指使，突然改变立场。两派相争，风潮日渐扩大，终致郭校长既因免职而飘然远引，而胡校长亦未能接事，由地方政府聘任蒋维乔先生代理校长，校潮始告平息。我当时是站在挽郭拒胡的大多数同学一面的，曾经数次担任大会主席。我当时那样做，完全是根据正义与良知，认为免职乃出于北京政府的乱命，起于校外的阴谋，所以不得不反对。至于胡敦复先生办理大同大学卓著成绩，也是一个理想的大学校长人选，可是任非其时，就任不成，我们也为他惋惜。校潮过后多年，有几位当时反郭拥胡的同学，先后在游美国时到郭校长寓所诚意表示后悔，可见公道自在人心。而胡敦复先生在民国卅八年到广州教育部请办出国手续时，我助其顺利完成。后来我因公到美国西雅图时，并曾拜访胡氏伉俪，承其殷勤招待，前嫌早已消释。过去这种不幸的争执，可算是"其争也君子"。

东大易长风潮，不仅是东大的损失，乃是国家教育的损失，是极可惋惜的事。事后渐渐明白郭校长的免职，乃由校内失意分子，结合校外力量，假手于北京政府而造成的。工科的裁撤，为此事的导火线。刘伯明先生在世时，在工科前主任杨杏佛教授以及少数同情杨氏的教授与学校当局之间，协调缓冲不同的意见。刘先生去世后，裂痕加深，杨氏遂不惜利用政党力量作倒郭运动。同时国民党元老吴稚晖先生原与江苏省教育会派人士意见不合，而郭校长与后派人士接近（南高与东大的筹备原赖江苏教育会的支持），因而对郭不满。加以南高与东大虽称国立而经费则出于苏省，郭校长为了办学顺利，自然不能不与苏省当局周旋。刚巧当时督军齐燮元为其父祝寿，捐出寿仪十几万元，为东大建筑一所图书馆，郭校长便背上了勾结军阀的罪名。又因南高、东大经过郭校长多年经营，在国内渐渐成为数一数二的学府，当时各国庚款退还，正组织委员会，商议分配，以郭校长的干练与对外关系的良好，据传闻也有人恐怕他为东大多分一杯羹。因此等因缘凑合，郭校长便在北京政府马叙伦以次长代部长时突然被免职了。这是中国教育史上一件极不幸的事。

民国十三年（一九二四）我在南高毕业后，经教育科教授兼附中主任廖世承先生任为附中教员兼推广部主任，后来改兼初中部主任，这是我实际从事中等教育的开始。我任教直至民国十六年东南大学改组为国立第四中山大学（最后改称国立中央大学），附中停办为止。我在附中任教的第一年兼在东大补修大学学分，于民国十四年在东大毕业。东大附中，当时在国内为最优良中学之一。廖主任为中等教育专家。民国十一年所颁布之新学制，其中有关中学三三制部分，廖氏为起草专家之一。他办中学的方针，一方面采取杜威所倡导的新教育理论与方法，注重学生兴趣与活动，并适应个性，提倡自治；但同时对于各科的系统教学和学生程度的提高，并不忽视。一时流行的新方法，如道尔顿制，虽曾一度试行，可是因为效果不佳，即行废弃。这种折衷新旧的稳健办法，为我素所赞同，在他领导之下，使我对于教育理论与实际，有进一步的体验。当时附中的办法，与同受杜威影响的东大附小，颇有不同。后者完全偏重儿童的学习兴趣，采取活动中心课程和设计教学法，在训育方面也比较放任自由。因此学生自动和适应能力很强而基本训练不足，升入中学往往赶不上其他受旧式教育的学生。我在附中任教时，经过对于这两种同中有异的教育方式的体认和比较，已经感觉杜威一派教育学说的制限而为后来的批判张本了。

我进附中，先兼推广部主任。这推广部是为有意升学的中学毕业生补修国文、英文、数学、理化等基本科目而设，仿佛是抗战期间创设的大学先修班。各科目任由学生选修，并依程度分组，利用中学空闲教室排课。因为附中师资优良，教课认真，所以入推广部的学生，非常踊跃，升学成功的百分比很高，也造就了不少的人才。两年后初中部主任出缺，我又改任此职，直至附中停办为止。除了任教务行政而外，我还兼教高中的必修科目论理学和教育学，以及初中的公民学。我教高中的科目，有些胆怯，因为有些高三的学生，年龄和我相差没有几岁，他们的程度，已经很高。我抗颜为师，深怕为他们的发问所难倒。果然在上论理学讲到具体名词和抽象名词，有一个学生陈君（很聪明，后不幸早逝），果然发出了一个问题想难倒我。他问"万里长城"是什么名词？我答是具体名词也是专用名词。他继续问："可否用作抽象名词？"这是有意难我了。我幸当时记起南朝宋史内檀道济被捕时所说的一句话。我回答说："也可用作抽象名词，例如檀道济便曾说过'乃坏汝万里长城'，这万里长城，非指实体乃指一种抽象的性质。"陈生听到以为我知识渊博，为之吃惊。全班学生也从此悦服。其实我只是微幸偶然记得这一个故实。如遇相类其他问题，可能被难倒的。从此小小故事，也可见初出大学的人任教中学高班学生的不容易。我教论理学，先用坊间教本，但感觉偏重形式论理，附讲一点科学方法，并不能贯串。我读了杜威所讲试验论理学讲稿，便想依他所分析的思想步骤，逐步加以说明并讲论理的规范，把形式论理中的演绎法，贯串在全部思想历程内讲述。先讲如何由发生疑难而观察事实和确定问题，次讲如何设立解决问题的假设；再次讲如何照此假设推论其应有之结论；最后讲如何作观察或试验，以视推论而得的结论是否与事实相符合而决定假设是否正确。如此就全部思想历程加以分析与指导，便是试验科学的方法与规范，而形式论理与试验论理便打成一片。因为在讲如何设立假设时，讲到类比、演绎及归纳等法，在推论假设应有的结果时，讲到演绎法；至于最初由发现疑难到确定问题和最后以推论假设而得的结论与事实相印证，都用观察法或试验法；形式论理与试验论理贯串在全部思想历程中，也就是和试验科学的方法合而为一了。我这种编排论理学的设想，与杜威在南京所讲的试验论理学相合。［也和他后来在一九三八年出版的论理学（Logic:The Theory of Inquiry）的要旨相应。］本此设想，我便在一九二五年寒假中在如皋乡间家中豆油灯下写成一部近十万言的《论理学概论》，交由中华书局于一九二六年出版，并作为高级中学的论理学的教科书。这是我的第一部著作，也是依我设想的新体例而写成的第一部论理学教本。后来此书又经中华书局商请缩编为师范学校的教科书。抗战期间，正中书局在重庆出版青年知识丛书，又经我的学生边振方君就原著改编为《理则学》，用我们两人名义在正中书局出版为丛书之一。各书行销都广。我对于这种编写论理学的新体例，能为训练思想方法，开一新方面，既贯通形式与试验论理，同时又贯通论理学与科学方法，和杜威后来于一九三八出版的论理学大著主旨相合，尚自觉满意。

我初教中的公民学除用现成的教科书以外，并以国父孙中山先生所著的《会议通则》（后来称为《民权初步》）为教材，教学生依据通则实地练习开会。我当时如此教公民，并无政治作用，只因参加和主持会议为做公民必具的技能，而讲如何会议的书籍，当时只有国父的这一部《会议通则》，所以我便采为教材，作为教初中学生如何开会的依据。当初纯为教育而采用了这部大著，可是后来却因此而帮助我解除了在大学任教的麻烦，这点留待后文再说。

民国十六年国民政府奠都南京，东南大学改组为第四中山大学，当年东大学潮中反郭一派教授当权，拥郭一派教授都大部分离校。当权派因附中主任廖茂如教授，是属拥郭一派，未免迁怒于附中，悍然将附中停办。我当时避乱在上海，自然离职。在东大改组前我幸而不在南京。当时孙传芳战败，由褚玉璞短期接任督军，大事搜捕国民党人。曾有一天用军警搜索东南大学，大学部学生成烈君，附中学生吴光田君，因被搜出与国民党有关文件，当时被捕，立即被处死刑。当搜及附中教员宿舍中我的房间时候，因我不在校，房门上锁，没有搜查。事过我返校回到房间想起床下有一网篮，系东大毕业同学国民党员贡君所存。立即自行检查，赫然发现其中有"三民主义"几册和其他与党有关文件。如果我当时在校，如万幸不至如成、吴两君的遇难，至少也不免有缧绁之灾了。不久东大改组，附中命运未定，我又避地上海。附中高中部主任陈杰夫学长，被控为国家主义派而被捕，拘留几月才放出。由于南京初由国民革命军底定，若干人本于党外无党的主张，对于反共的青年党和国家主义派，亦在反对之列。而东大有不少青年党和国家主义派分子。外人认识不清，对于东大的人，不免一律目为国家主义派而加以排斥。附中陈杰夫主任实际与国家主义无关，不幸因东大关系得了此无妄之灾。我这一个初中部主任虽非青年党，也非国家主义派，可是写过国家主义教育的文章，如果当时在南京，恐亦难免了。我此时回忆此两次可能的灾难，犹觉不寒而栗。当时另外一件与排斥国家主义有关的趣事可以顺带叙及的，即是附中同事"少中"会友李儒勉君，原与国家主义无关。他考取江西留美官费生，被人控告为国家主义派而被取销官费资格，而以备取生罗廷光君递补。罗君却是国家主义组织国光社的主要社员，因为无人举发却安然以官费出国了，后来成为中央大学的师范学院院长。此类有幸有不幸之事，在政局不定之时实是难免的。

东大附中停办以后，我暂留在上海。当时革命势力已达到我的家乡如皋。许多有志改进地方政治的朋友，已经当权，发表我为县教育局长。我因局势不定，地方事难办，没有接受。恰巧有一同乡原在绍兴浙江省立第五中学任教，知道师范部有一教员临时出缺，便介绍我去代课。我在绍兴住了几个月，除了任教师范班增加少许经验以及曾游地方名胜东湖而外，没有什么可以叙述的。代课完毕以后，回了南京，在第四中山大学区教育行政院当了一名科员。这时政府仿法国制度，行大学区制，由大学校长兼管区内教育行政。第四中山大学区的教育行政院的职责，约略相当于以前的江苏省教育厅。我任科员，主管发刊教育公报工作。任职三四个月，因为赴法国留学而离职，不久这个制度，发生困难，也便取消了。我是民国十七年（一九二八）四月离国赴法的。我在国内教育训练以及从事教育的工作，到此便告一段落。

法国留学及论文写作

我在民国十七年四月和内子倪亮女士以及东大教育科同班毕业的徐益棠学长一同在上海搭法轮赴法。我们赴法留学，由于几种动机。第一由于国民政府成立不久，建国工作，需要人才，我们要报效国家，必须充实自己能力，出国深造，乃是一种用世的准备。可是留学经费，仅凭我们夫妇的少许积蓄，和如皋少数县费的补助，如赴英美等国，绝不够用。恰巧欧战以后，法国佛郎贬值，一元银币当时可换佛郎十几个，留法费用比较他国（除当时德国外）减省很多，所筹经费勉强可以敷用。又因当时新文化运动发展到高峰以后，大家正在反省思考。觉得所谓新文化乃是西洋文化，而对于西洋文化探本穷源，应该在美国而外注意欧洲，而法国为欧洲文化的重镇，熔合古今并无极端的倾向，值得前往取法。因为这几种动机，所以我们便决定了以法国为留学国。当时赴法留学的人数，一时称盛。大体说来，也未尝不是由于这几种动机。

中国学生赴法留学，从光绪元年（一八七五）派官费生赴法国习船政即已开始。其后政府曾继续遣派官费生，并有自费生赴法留学，但为数甚少。所习科目，也多限于应用技术方面。直到第一次欧战前后，留法学生才大量增加。其中人数最多的便是留法俭学生和留法勤工俭学生。这两类学生同是以俭学为名，但是并不相同，前者是俭学而不勤工，后者则是勤工兼俭学。两类学生的造就，大不相同。留法俭学，由于吴稚晖、李石曾两位先生的提倡，和华法教育会的推动，在民国元年即已开始。最初吴、李两先生倡议用节俭方法赴法留学，每年只需银元六百元，即可应付。吴稚晖先生甚至提倡带家眷俭学，并且以身作则。这种提倡影响了不少有志青年到法国留学。他们多是自费生，只是在生活方面尽量节省费用，并不需做工维持生活。因此他们能专心求学，多能有所成就。勤工俭学，也是吴、李两先生所倡导与推动的。在欧战结束以后，他们见到在欧战期间，我国遣派到法国助战的华工有十多万人，很受法国的欢迎，对于法国的战胜德国，也有不少的贡献，便想到在战后倡导有志青年，到法国一面做工，一面俭学，必可为中国培植很多人才，因此他们便发起留法勤工俭学运动。国内家境不佳而有志上进青年，纷纷响应。自一九一九年开始，到一九二一年两年之中，赴法勤工俭学的已达二千人之多。这些学生之中，四川与湖南人为最多，其次为广东学生，因为他们都比较富有冒险犯难精神。这时可算是留法第一高潮时期。可是提倡勤工俭学，用意虽很好，但其结果是失败的。因为这班学生在来法之前，大都没有学好法文，又没有受过技术训练。做工与求学，都有困难。工学兼顾更不可能。因为无技术的工人，工资很低，无法节省金钱，供求学费用。为了生活，做工便不能求学。为了求学，放弃做工，便不能生活。这班同学处在这困难情况之中，除了少数突出人才能克服困难贯彻求学初衷完成学业而外，大部分或是废学完全做工，留在法国以工人终老；或是回国另谋出路；还有一部分人改变工学初衷而从事政治活动。俄国共产党便利用机会与在中国新成立的共产党相呼应，而吸引一部分勤工俭学学生，于一九二二年分别成立中国共产党的旅欧总部和旅法支部。现在中共党政方面重要的当权人物有很多即是当年加入共党的留法勤工俭学学生。李石曾和吴稚晖两位无政府党人和国民党党政元老，当初为教育青年提倡留法勤工俭学，其结果却是帮助了中共的成功，实非他们始料所及。

在中共成立旅法支部的时候，中国国民党已有驻法的组织。当时留法同学中一部分反对共产主义者也于一九二三在巴黎创立中国青年党与共产党对抗。各党由思想斗争，演至流血打斗，为留法学生从事政治运动的波澜壮阔时期。后来这些人物，先后返回国内（中国青年党还将总部于一九二四年移到国内），继续斗争，造成政治的剧变。这斗争至今未已。在一种意义上可说这是留法学生政治斗争的延续和扩大。

民国十六年国民政府建都南京，全国渐趋统一以后，留法学生突然人数增加，可算是留法另一高潮时期。我们是在这一时期到法国的。这时候留法界的政治冲突和斗争，已经移到国内。各党的活动表面上已归于沉静。中共完全归入地下，很少公开活动。国民党虽有两个派别不同的驻法支部在巴黎存在，但除了各自宣传而外，相安无事。青年党总部已移国内，所以活动也不如以前积极。加以突然增多的这一批留法学生，来源比较整齐，大都是大学毕业，且有一部分服务经验，留学目标比较单纯，多以充实知能帮助国家建设为主，对于实际政治活动，兴趣较少，所以渐渐形成一种平静的学风。我们在这种学风中留学，幸能免除政治的纷扰而专心于学问。这一时期的同学，后来返国，很少成为政治上的风云人物，而多数能对国家建设多少有些贡献，这与当时留法学风的安静，不无关系。

我们初到法国时，当时政治、社会和学术界的情形，就记忆所及，也可以说一说大概。就政治方面说，这时是克里满梭（Georges Clemenceau）和白里安（Aristde Briand）的世界。他们挟战胜的余威，执欧洲各盟邦的牛耳。大国骄矜之气，未免逼人。就法国人民而论，他们对外国人无种族歧视，很富于人情味。有些留法同学，缴不出房租，房东老太太，非但不迫迁，还接济他们的零用。但是法国政府和他所属的机构，对于外国人尤其弱国的侨民，不免时露鄙夷不屑的态度。我们留法同学对他们从无好感。后来戴高乐的自大自负，不过是这种骄矜的态度的一脉相承而已。从来中国的留外学生，对于留学国多有好感。回国后如从事政治、"外交"社会事业往往有亲其留学国趋向。但是留法学生很少亲法的，其原因固然在于法国政府对于我国在政策上向少亲善表示，而留法学生在留学时的种种感受，也是原因之一。

当时法国的教育与学术界较之大战前，并无显著的变化。有一部分参战军人，曾经提倡所谓"单轨学制"（Ecole Unique）但是未能实现，等到第二次大战后才旧事重提，发生影响。还有人对于中学的仍偏重古典文字（希腊文与拉丁文），而对于现代语文和科学未能同样重视，要求改革。同时又有所谓"L'ecole Nouvelle"运动，相当于欧美各国的"新教育"（New Education）运动。都在酝酿改革之中，尚未成事实。大学制度与风气，仍和战前一样，并无改变，也无人倡议改革，直到二次大战以后，才跟着全国学制革新。

我们于民国十七年（一九二八）春季抵达巴黎。其时东南大学同学、东大附中同事凌纯声学长已先到一年，对于入学和生活情形，比较熟悉，我们颇得他的指导之益。我因为在东大只学过一两年的法文，根柢不好，所以先进了"法国文化协会"（Alliance Francaise）补习法文。集中几个月的补习，读书听讲和讲话，勉强可以应付。当年秋季开始在巴黎大学注册入学。入学后第一个问题，便是如何选听讲的学科。我的学术兴趣是在教育理论方面，抵法以后当然仍在这方面发展。上文曾经说过，我在东南大学受教育时，受杜威学说的影响很大。杜威教育学说，对于教育的两极，儿童与社会，本是兼顾的。他在美国还是超越十九世纪的个人主义教育而注重教育的社会一面的第一个教育学家。他的第一本划时代的著作，便是《学校与社会》。可是他的学说，在中国的发展，渐渐偏到儿童个人方面，我当时已经感觉偏颇。加以我受了五卅惨案的刺激，感觉为了发愤图强，教育应兼顾国家主义，所以我的教育思想，已经趋向于注重到教育的社会方面。赴法留学，即想在教育的社会学基础方面，多下功夫。这时法国社会学家涂尔干（Emile Durkheim）的一派，正当盛时。涂尔干便是在巴黎大学同时主讲社会学与教育学的第一位教授。他在巴黎大学开讲教育学时，即曾说"社会学家，我特地以社会学家的资格来谈教育"。可见他对于教育的社会方面的注重。我到巴大时，涂氏早已去世。这社会学与教育学的讲座，由他的嫡派弟子福谷奈教授（Paul Fauconnet）继承，他也是以社会学家讲教育的。这正合我学习方面的需要，所以我便拜入福谷奈教授门下，听他的课。同时涉览涂尔干和其他法国学者的有关社会学与教育学的著作，希望打好教育学的社会学基础，补以往学习方面的不足。关于教育的心理方面，我在东大受教于陆志韦和廖茂如两位先生，略具基础,不是我在巴黎学习的重点。可是当时巴大的心理学课程如文科院长戴乐克如瓦(Delacroix)的正统心理学,皮冶庸教授(Henri Pieron)的行为心理学(La Psychologie de Comportement),瓦龙医生(Henri Wallon)的儿童心理学,也分别在法兰西学院和巴大本校开设,我也不时听讲,并且阅读他们的著作。至于纯粹讲教育原理与教育方法的教育学(Pédagogie),当时在巴黎并未有出色的课程和知名的教授。巴黎大学当时有达芒教授(Thamin)开设"教育的科学"(Science de l'Education)一课,所讲内容并无多新义,我没有得益。我在教育哲学方面的知识,多是从课外泛览有关书籍得来的。

我在巴黎经过几年的苦学,不但对于教育有关的各种学问,如社会学、心理学和哲学等科有较深的了解,还对于现代科技文明的根源,欧洲的文化,也有所体认。反转过来对于中国文化,也时有反省,因而增加了重视。原来在中国继着五四运动发展的新文化运动,过分贬抑中国文化,我当时已感觉不妥。到法国后更感觉民族文化与民族生存有密切关系。要保障民族的生存和发展,决不可推翻民族固有文化。即使为了事实上的必要而酌采外来文化,也须在原有文化基础上生根,方不致引起文化的失调。我国过去提倡新文化运动的前辈,对于这方面似乎认识不足,以致提倡推翻中国固有文化,全盘接受西洋文化而发生种种弊害。我想他们在提倡新文化运动以前，如在欧洲居留若干时日，对于欧洲文化发展的历史，和欧洲民族生活的状况，有较深刻的了解和体认，也许不会对于中西文化问题持那样极端的见解的。

我在巴黎大学肄业了近两年以后，因为法郎价格逐渐高涨，对于银元的兑换率，由初来时的十二比一，逐渐涨到四比一。我和内子带来的留学费用早已花完，后来全靠国内的亲友借款接济。在这样经济状况之下，不能不在学业方面早求一结束。我向我的教授福谷奈先生请教，他赞成在他指导之下，撰作论文，以取得大学的博士学位。接着便商量论文的题目。他提议以杜威的教育学说为论文题目。他所以提议这个题目，有几个原因。他知道杜威在中国教育方面很有影响，我对于他的教育学说最初原是信从者之一，并不生疏。又因为涂尔干和杜威两人的教育思想在社会的观点上，有不少相同之点，涂氏生前对于杜威虽然批评过他的实验主义，但是对于他的教育主张是有一部分赞许的。福谷奈教授继承涂尔干的余绪，对于杜威的教育学说，有进一步的同情。他在我和他讨论论文写作一年（一九三〇年）已向巴大当局建议在该年授与杜威名誉博士学位。如有一个学生能以杜威的教育学说为题作一博士论文，也是一种小小的点缀。同时福谷奈教授又是国际"新教育运动"（New Education Movement）法国主持人之一。他是国际提倡"新教育"的"新教育同谊会"（New Education Fellowship）法国分会会长。法国教育，比较保守，对于新教育运动，很少响应，如有关于杜威教育学说的法文论文发表，对于"新教育"也不无提倡的作用。他由于这些考虑，所以建议这个论文题目。我当时觉得这个题目，对我相宜，所以便决定了，以一两年的时间来作深入研究、搜集材料和撰写的工作。决定了不久，杜威便到了巴黎来接受巴大的名誉学位。福谷奈教授介绍我去见他。这是我第一次会见杜威。我提出了预拟的论文大纲，请他指正，并得了他的同意，可以将他的"教育信条"（My Pedagogic Creed）译成法文，作为我将来的论文的附录。经过了与杜威圆满的接谈以后，我格外增加了撰作的信心。在开始撰写以后，逐章提出请福谷奈教授指正，并参加他所主持的博士班宣读已成的数章，请出席的人共同讨论。经过近于两年的准备和撰写工作，这论文经福谷奈教授审阅通过，并将原稿送请巴大文学院院长审核，也获通过。下一步便是申请举行公开的论文考试。这时却遭逢一个很大的困难。依照规例，博士论文必须先铅印成书，并呈送大学九十九部，供分送世界各重要大学之用，方可举行考试。我这时因费用不继，生活尚且困难，有时只是以面包牛奶充饥，何来此一笔相当昂贵的论文印刷费？正在踌躇恼闷之时，刚刚同在福谷奈的博士班的美国同学雅伦夫人（Mrs. A. A. Allen）知悉此事，予以同情的帮助。那时她的老兄刚刚代表美国的一个基金会在巴黎察访学业有造诣而需要资助的学生，予以奖助金。我经过她的推荐而获得全部论文印刷费的补助。内子亦有同样困难，也一并获得补助论文印刷费用。这个基金会不愿使受助者知其名称。对我们的资助，也只有一条件，即是将我们的论文，各赠给纽约市立图书馆一册。我们对于美国人这样慷慨的行为，至今念念不忘。

在一九三一年七月，我们的论文考试，在同一天先后举行。福谷奈先生同为余夫妇的考试教授。在我们通过考试以后，向我们致贺说，这不但是我们的博士论文考试，还是一结婚的礼式。事后此两论文在巴黎大学图书馆中，合订为一册庋藏，留法同学，一时传为佳话。

这论文的名称为《杜威教育学说》（La Doctrine Pédagogique de John Dewey）。论文的内容主要部分是对于杜威教育学说作系统的介绍并试作正确的解释（祛除若干流行的误解），在此主要部分之前，我叙述杜威的为人和他的著作。在最后则列举他的学说，对于世界各国教育所生的影响。这在法文中，为介绍杜威教育学说的第一部比较完备的著作。出版以后，法、比、美各国有些教育学者在其著作中引用它。南美乌拉圭国的教育部在这论文出版后的一年（一九三二年），已把它用西班牙文翻译出版，列入教育全书，作为训练师资的教材。这事我直到一九六三年才发现。一九五八年经售这论文的巴黎沃仁哲学书店（La Librarie Vrin），因为论文售完，仍然时时有人索购，经商得同意将它再版，收入该店的《哲学史丛书》(Biblioteque d'Histoire de le Philosophie)。这丛书的著者多为法国的著名哲学家如Boutroux（F.），Bréhier（E.），Gilson（L.），Meyerson（E.）等。我的论文，能与这些哲学权威并列，实感十分侥幸。在此再版本中，当时国际文教科学组织（UNESCO）秘书长艾文思博士（Luther H.Evans），因为此书为一中国人用法文介绍美国人之学说，为国际文教合作的象征，特为作一序文。文中谬承推重，亦为此书生色不少。此书再版问世以来，迄今仍继续行销，余与沃仁书店每若干年结算版税一次，迄今已四十余年。该店老主人M.Vrin早已去世，他的女婿和他的外孙继续和我共来往。在此一段小小文字因缘中，对方已历三代，我则依然故我。每次到巴黎和他们接洽，回忆既往，辄有说不出的感怀。

这一部论文虽然内容平凡，但是和我后来的事业和声誉的发展，很有关系，因为论文的通过，取得学位，使我得受聘为大学教授。因为论文在国际的流传，使我能在国际教育界稍稍知名，而参与各种合作。此时追忆，深感数年苦学与写作功夫，没有虚费，聊堪自慰。

我们在法国几年埋头学习和写作，在学业方面勉强告一段落，但因为经济和时间所限，造诣实未达理想。尤其遗憾的是讲堂和书本而外的生活范围，很为狭窄。我因为在经济困难情形之下，必须珍惜光阴和节省金钱，才能克期完成学业，所以在法国国内，除了巴黎和巴黎近郊各地而外，未曾专程游历任何城市。法国人在夏季，盛行避暑。每年到七八月间，巴黎人差不多全离开了到外地避暑。不能避暑的人，往往自认很失面子。有若干商店主人，无力或是无暇避暑的，往往关上店门，在门上写着主人出外避暑，本店暂停营业字样，其实主人们留在店内，从后门进出。从这种情形，可见避暑怎样的成为社会时尚。其实巴黎夏季，还要穿夹衣，并无避暑的必要。一到夏季，中国留法同学，也多随俗出外渡假。只有我们少数经济困难和时间宝贵的人们留在巴黎。我们在法国经过三个夏季，都是困守巴黎，没有越雷池一步。此时想来，未免可惜。因为失去了许多观风问俗的机会，对于法国生活，不能实际深刻体认；许多历史古迹名胜，不能探访，对于欧洲文明，也少发思古之幽情。这在留学造诣上，实是很大的损失，现在是追悔莫及了。

至于欧洲其他国家，除了英国曾经专程访问作十日勾留而外，其他各国如比、德、俄诸国，都是在回国途中经过，并未能专程游历，多作观光勾留，也是憾事。所以我在欧洲几年生活，除了学习而外，只落得"孤陋"两字。

我在论文通过以后，不久得北京大学电聘为教育系教授，随后又得着母校中央大学教育学院的聘任。我因为得北大聘请在先，又因为北方没有去过，能换一新环境，比较相宜，所以便应北大之聘，在一九三一年七月束装回国。

我们回国是取道西伯利亚，除内子同行而外，还带着一位病友吴锐学长。吴君是吴樾先烈的胞弟，东大的毕业同学。他在巴黎学习物理学，很著成绩。可是因为生活清苦，用功过度，精神时显紧张。其时适有一中国同学因故自杀，吴君受刺激，精神不安，时时恐惧自杀和他人迫害，已濒近"恐惧病"（Phobia）边缘。留法同学，尤其是他的安徽同乡，很为他的健康耽心，劝他回国，他自己也同意，可是在他当时精神状况之下，不宜独行。他们知道愚夫妇即将回国，商请我们带他同行。这责任很重，因为沿途可以随时出事。可是我们因为同学情谊，又因为吴君是先烈胞弟，为了崇敬先烈，又因受了安徽同学们的重托，我们便不顾麻烦和危险毅然带他同行。在近二十日旅程中时刻耽心，幸未出事。惟有在西伯利亚铁路火车中我们和吴君宿三等同一车厢，每晨我都发现刮胡刀不见。据吴君相告，原来是他每天将它藏起，原因是恐怕用以自杀。其精神的不健全，可想而知。幸而他对我们有信心而我们也照顾周到，安稳地把他带到北平，由他的另一胞兄接去，而家人团聚，精神即恢复正常。当年暑假后他便担任了中法大学的物理学教授，直到北平为日本军阀占据以前，我们还时有他的消息。

我不惮词费，叙述上边这一故事，并非有意作自我宣传。实在由于希望借此一故事，在海外留学界，提倡一种同学互助精神。原来我们在巴黎留学时，即曾与徐公肃、凌纯声和徐益棠、胡鸿勋诸位学长发起创立"互助社"，谋同学间在学业和经济方面的互助，我们的照护吴锐学长返国，不过是实行互助的一个实例而已。

我们取道西伯利亚返国，途中曾在德国柏林，作数日停留。这时正是希特拉当政的前夕，社会秩序不安。我们匆匆一过未留有什么印象。经过莫斯科时，只停留几小时，颇存戒心。当时俄国提高卢布对外币汇率。我记得在火车站附近购食熟鸡蛋，一枚即需美金一元。西伯利亚铁路火车所经各地，当时多是一片荒凉。我们所乘为三等车辆，还需沿站下车取水。我有一次取水，未及赶回而火车已开，幸而竭力奔驰，才能赶上。否则失落在荒凉小站，与车上妻友分离，后患实不堪想像。

火车行至满洲里，已抵国境。当时见到有一仪容甚盛的中国青年军官上车检查，心中有说不出的欣慰。我们到此地改换火车。对于西伯利亚火车茶房，照例应给以小费。可是因为美金对卢布比值甚低，如给以美金在我所费者多而彼所得者少，彼此两不上算。因此我将身上所穿的仅有的一套旧西装送他。他欣喜不置。我则从此还我初服（赴法时原已携带中装），直到民国二十五年（一九三六）赴美前，未尝再着一天西装。

火车行经东省境内，我们并没有停留，一直到北平，行程才告一段落。在北平首先到北大接洽业务，随后拜访师友，耽搁几天，便返抵南京。不久返里省亲，留学旅程从此告终。接着便准备踏入另一旅程了。

北大任教及著述生涯

一九三一年秋季，我到北京大学开始任教时，国内正遭逢空前的大水灾。日本军阀乘人之危，发动九一八事件，不久占据东三省，威胁华北。平津各大学在此情形之下，自然感觉困难。所幸各校经费，由国民政府如期发给，与北洋军阀控制北方时不同，已不再有欠薪与罢教种种不安情形。各校尚能在日人眈视之下勉求安定，从事教学。北大这时由蒋梦麟先生任校长，胡适先生任文学院长，而我任教的教育系属于文学院，由蒋校长暂兼系主任。系中同事有杨廉、杨亮功、萧恩承、潘渊与尚仲衣诸位教授，人才称盛。我当时实龄未满三十，即在此国内最高学府，抗颜为教授，所教的又为"教育哲学"，"教育社会学"与"德育原理"等等主要课程，所以初登讲坛，未免栗栗危惧。幸而课前多作准备，并且预编讲义上课，依讲义作有条理的讲述，讲后将讲义印发，学生因为我讲授认真，感觉满意。我也因此获得自信，益求充实讲义内容，改进讲授方法，不久成为受欢迎的教授之一，并受知于蒋、胡两位先生。任教两年之后，受聘兼教育系主任。

我到北大任教，一开始便很顺利，很自慰幸。但是不久却发生了意外枝节。国民党北平市党部，有一天突然致函蒋校长说："据报国家主义派健者吴俊升已到北大任教，望注意。"蒋校长将信给我看。他说只是使我知道有此事。大学用人，并不受外方干涉。我虽然感佩当局贤明，但是不可不把事情说清楚。我因向他解说，我虽然曾经发表过《国家主义的发展及其评论》论文，也曾赞同对内尊重国民个性、对外反对侵略的"相对的国家主义"的教育，可是和国家主义的党派无关，尤其是从未反对国民党，并举在东大附中任教公民学用国父的《会议通则》为教材一事作为证明。蒋校长听了我的解释，认为满意，嘱我便中到南京向有关方面说明。我在假期回南京时首先拜望蔡元培和陈布雷两位先生。我拜访蔡、陈两位先生，因为蔡先生的二公子柏林学长和布雷先生的介弟训恕学长，都是我过去在巴黎的同学好友，因世谊关系本拟回国后向两位前辈奉候；又因为蔡先生为北大老校长，布雷先生过去也曾同情国家主义，我既然被着国家主义派的嫌疑，也应该向他们请教。承他们接谈之后，都认为蒋校长的态度是很正确的，可以不理会不相干的传说。可是我为了免除学校当局将来的麻烦，还是向有关方面，作了详细说明，终于获得了解。在此以前，也有其他少年中国学会会友受误会为国家主义派而登报否认的。有些朋友，也劝我这样办，俾能澄清误会。我没有这样办，因为我本是同情国家主义的，而"少中"会友中的国家主义派中，有许多相知的好友。他们因为和我在思想上同调，屡次劝我加入他们的政治组织，我都不曾参加。对他们在那时的受歧视却甚表同情。我如因为个人职业的原因，登报声明否认为国家主义派，则对这些老友，未免增加其落寞无助之感，在友谊上是欠厚道的，所以我没有那样办。结果由于高层对于此事的了解，地方党部也不再找麻烦了，而我和青年党和国家主义派的老朋友，数十年来仍保存纯粹友谊。

我在北大任教自民国二十年（一九三一）秋季到民国二十五年冬季休假赴美考察为止，这五年半之中，对于教学和研究是我一生收获最丰富的时期。这由于初回国任教大学，有一股锐气，又得着较长的安定时间，和良好的学术环境。这三个有利因素配合起来，使我获得小小的成就。我到北大时，在学术气氛中教育并非被重视的学科，教育系也只是聊备一格的学系。虽然当时的校长蒋梦麟先生为国内所推重的教育专家，但是校内有力的人物，如傅斯年教授便是不重视教育学的一位学者。他曾写文讥刺教育不成为一种学术，尤其对于当时流行的种种教育新法加以讥嘲。他曾把"Dalton Plan"戏译为"逃尔遁制"。胡适之先生也不是太重视教育学的。他曾面告我一个故事。有一天哥仑比亚大学师范学院的学生，曾请哥大校长Nicholas Murray Butler题字。Butler问那个学生："师范学院在什么地方？"他说这故事，暗示教育学的不被重视。原来轻视教育学科，乃是过去欧美大学文理科教授的一般成见。现在这成见，已经渐渐捐除。不过傅、胡两先生的影响，仍然继续存在。以他们所参加或主持的中央研究院而论，当它最初成立时，它的组织法中，即规定有"教育研究所"的设置，可是直到现在这研究所仍在无何有之乡。其原因耐人深思。傅先生在临去世以前不久，也曾发表过改革教育的大文。如果他曾对教育多过一番"研究"，我想这大文必定比较合于原理与事实，更受重视而发生较大的影响。

教育学虽然处于不利的气氛之中，可是因为我讲课和发表文字，多从教育的哲学和社会的根本方面讲教育，比较不注重一时流行的种种教育新法，又因为选习教育的学生，逐渐增多，其中不少优秀青年，还有他系学生也来听课，我个人颇承适之先生另眼相待，对于我办理教育系也予以种种便利，使得这学系能有相当的发展，这是我至今对于他感念不忘的。至于蒋校长的同情支持，更不待说了。对于蒋校长在教育与文化方面的贡献，我另有一篇专文纪念他。

我在教育系的后几年，因为心理学系的并入，学科与师资格外充实。专任教授逐渐增加，樊际昌、陈雪屏和邱椿三位教授先后加入。兼任的有刘廷芳、刘吴卓生、傅葆琛、杜元载、倪亮和王西征诸位教授，教育学的各方面，都有人任教。教授阵容，一时称盛。学生方面，也吸引了若干优秀青年。我们不仅鼓励他们在听课而外，要自动学习，还帮助他们组织课外活动。全系顿觉活动有生气。我所任教的几科，曾经指定他们读英文参考书，作阅读报告，并在课间讲解和讨论。这样便增加了他们自动学习的兴趣，和阅读英文书的能力。对于其中若干人后来的进修深造，很有帮助。这些学生中有不少特出的人才。有些是后来从事实际教育有成就的，有些是应英庚款与国家公费或自费留学考试经录取出国深造而获得博士学位回国的，也有留在美国任教授的，他们多数是在北平的几年立下学业基础。现在我想得起的几位，如孙君爱棠随"政府"到台湾，一直任职"教育部"，以简任督学退休；国君培芝，返山东任中学校长；边君振方，全君国体，何君寿昌助我后来在教育部高等教育司任行政工作；叶君佩华及杨荣贞女士先后在重庆大学任内子助教。张君孟休，考取英庚款公费留学，在加拿大获得心理学博士学位，一直在联合国服务。滕君大春留美得教育博士学位返国任教。严倚云女士得博士学位，现任西雅图华盛顿大学教授；郅君玉汝得博士学位在印底亚诺大学（University of Indiana）任东方学系主任；还有梁君发叶，在美创设了中国土产贸易公司。他们都是在教育系受教的。在另一方面，当时教育系中，也有些左派学生。他们虽然抱有不同的政治思想，但是在校内和其他学生一样上课，一样用功。我们对他们和其他学生一例看待。最近据梁君发叶返大陆探亲回来面告，原名卢荻之北大教育系学生，加入中共后改名陆平，曾任北大副校长，当时的正校长为马寅初先生，实际负责的是副校长。后来马氏辞职，陆平便正式接任校长，直到"文化大革命"起来时才去职。卢君以北大教育系毕业生，担任"北大校长"，可算是另一类特出人才。还有教育系学生阎君顾行，据说曾任"河北省教育厅长"；又有宋君尔廉现在"水利部"任职。以上关于北大学生的消息，都是他遇见梁君发叶面告的。

以上所举只是有确实消息而一时想到的几位旧日学生。其他无消息，或是有消息而一时记不上的，不知有多少。我对于他们，如其想起，都是怀念的。

我在北大几年，除了培植一些人才而外，因为教学相长的原故，在个人学问方面，也有一些进益。前边说过，我在教育系担任教育哲学，德育原理和教育社会学。这三门课都没有适当的课本可用，我都是自己从阅读与思索，组织教材，编写讲义，在课间依讲义讲演，然后将讲义印发学生。一科讲完之后，全部讲义写就印成，已是一本著作的初稿。这初稿经过几次讲演后的修改增订，已经大体成书。再经过最后的整理与润色，便可出版。我的《教育哲学大纲》和《德育原理》两书便是经过如此程序而出版的。关于此点，我很欣赏北大印发讲义的办法。这办法对于教学认真的教师，实是一种鼓励与督促。因为讲演内容印成讲义分发，与口讲不同，教师在准备和组织讲演材料时不能不格外求其精详明晰。而随讲随印，讲完之后，一部讲义，便是一本书稿，这实是对于著作的一种鼓励。教师在第一次讲义完成以后，如想出书固然要加修订与润饰。即使一时不想出书，而下次再讲同一学科时，亦不便将老讲义照旧印发，势必另加新材料，作新的安排。如此则教者学者两得其益。至于因为讲义的印发，学生在课间不必笔记，可专心听讲和思考，在课外亦可免除整理笔记的麻烦，而以省下时间多阅读参考资料，也格外得益。将讲义出版为专书，流通于社会，亦可使社会收益。因此我认为印发讲义，乃是大学讲课可取的办法。只怕今日教师中有一部分人惮烦省事，不肯从事于此耳。

《教育哲学大纲》，是我由讲义而出版成书的第一部教育著作。这本著作对于我在教育学术和事业方面的稍有成就，和《杜威的教育学说》论文，有同样的重要性。《教育哲学大纲》是民国廿四年在上海印行初版的。其后在重庆、上海和台北不断重版，一九七二年在台北出了增订本，此书自初版至增订版，四十年来不断行销。它的体例和内容方面，需要简单说明。教育哲学为新兴学科，迄无公认的内容，所以各家对于教育哲学的讲法，也多不同。有的以教育本身的根本问题如教育本质论、目的论、课程论、方法论为纲，以和此等根本问题相关涉的各派哲学的可能的解答为目，分别阐明何派哲学，对于教育何种问题，有何主张，有何影响，最后更就教育上的实际结果，加以批评。有的以各派哲学如自然主义派、理想主义派、实用主义派等为纲，以各派对于教育本身的根本问题的可能的解答为目，然后评述此各派哲学体系在教育上所生的影响。还有的以哲学里与教育有关系的各个主要问题如心灵论、知识论、道德哲学和社会哲学等为纲，以各派哲学对于这些主要问题的解答为目，然后评述此等解答在教育上所生的影响。这三种讲法，都在阐明哲学与教育的关系。但是我认为第三种讲法，从哲学根本问题讲起，使初学者对于哲学得一概念，然后讲到这些问题的解答，对于教育各根本问题的应用，学者较易领会。可是依这种体例编辑的教育哲学教本，在当时不但中文教本中少有，西文教本中也少完备的。因此我自创此体例，从头搜集、思索与组织有关的材料而成此书。此书出版后，到一九三九年，有第一部采取同样体例的用西文写的《教育哲学》出版。这部书是耶鲁大学教授John S.Brubacher的"Modern Philosophies of Education"。现在采取这种体例写成的教育哲学是增多了。

这部书的内容，叙述各派主张，大致折衷于杜威的学说，可是也有批评和补正之点。原来我在未到法国以前，对于杜威的教育理论，已经感觉其稍偏于个体的自由与兴趣方面，而对于教育的社会目标未能同样重视。及到法国以后对于教育的基础科学之一——社会学——加以研究，尤其是对于涂尔干的社会学，和他以社会学家资格所讲的教育学加以研究以后，很想以社会的观点来平衡杜威，尤其是他的随从者的个人的观点。我在《教育哲学大纲》中，以及在其他教育论文中便作了此种尝试。我主张以社会威权来平衡个人自由；以义务观念来平衡兴趣主义；以为求知而求知，来平衡为行而求知；以教育为生活准备，来平衡教育即生活。这些见解，都在《教育哲学大纲》内发挥了。

在《教育哲学大纲》出版以前，我已先在大公报的教育副刊《明日之教育》内，发表《重新估定新教育的理论和实施的价值》一篇论文。这论文发表于民国二十二年（一九三三），乃鉴于当时在国内杜威一派的教育家在"新教育"的名义下施行教育，不免有偏重个性、自由、兴趣、放任主义、心理主义、活动主义和狭隘的实用主义的趋势，所以从社会的观点，来加以批判，并重估其价值。文中要点，后来我在《教育哲学大纲》内都纳入了。在当时盛行杜威学说的中国教育界，我这种对于新教育的批判，是冒大不韪的。教育杂志编者不敢发表这篇论文。我只得在与北大教育系同仁共同主办的大公报副刊《明日之教育》发表。在当时自然有人认为违反教育主要潮流，可是十多年以后美国教育，因为实施杜威学派的极端的教育发生了不少流弊，也开始对于杜威的教育学说加以反省和批判了。到了苏联首先射发人造卫星以后，美国人惊觉科学的落后，归咎于教育的失当，更把最后责任归之于杜威的教育学说，使杜威在教育方面的声望一落千丈，至今还未能恢复。我又觉得那些严厉苛刻的批评，也不免过当或误解杜威的学说，因而再作文在美国教育杂志发表，重估杜威的教育学说的价值，对于它的优点和弱点作公平的评述，并为其受误解处辩护，这是后话。

我教"德育原理"时所编的讲义，也在商务印书馆出版。我当时因为德育在学校教育中比较不受重视，而在新文化运动时，因为反对旧礼教而对于德育更加忽视，所以特开"德育原理"一课。因为无适当教材而自编讲义，付印成书。书中讲及德育的三个方面，即品格论、道德论与德育实施论，自成体系。我为了配合德育原理的讲授，又曾翻译了法国哲学家A.Lalande的《实践道德述要》（Précis Raisonné de la Morale Pratique），于民国二十二年在中华书局出版。我译这书，由于Lalande写这书时，法国道德界情形，正与中国新文化运动时相仿。当时法国教育，正离开宗教而世俗化，一切学校施行德育所根据之道德律失去宗教基础，必另觅合理之基础。犹之中国推翻旧礼教以后，必另建合理之道德律为施行德育之依据。但离开宗教以后，犹之离开旧礼教以后，众说纷纭，新道德律，难于建立，实为社会的隐忧。Lalande根据他多年对于哲学的研究，深信道德学说虽然纷纭不一，但是人类的道德实践，则有共通不变的规律。他以他所认为共通不变的规律，逐条开列，分寄若干哲学家及教育家，请将其中非众人所公认者剔除，留其一致赞同者共存规律二百五十条，编辑成书，作各学校实施德育的依据。我因为这书发生的情况和当时中国道德的情境恰相类似，所以译了这书，希望中国亦有有心人能读此书，也作同样工作，为社会道德立基础，为学校德育建规范。又因这书所载的道德律，具有合理的基础，不甚有地方或时代色彩，中国制定新道德律，正多可以直接采用之处，所以更加了我翻译这书的决心。这书和我的"德育原理"在当时新文化运动洪流之下，只是一弱小的逆流，并没有发生多大影响。这两书现在台湾均已重印，其效果亦在未知之数。

我所编的教育社会学讲义的内容，与当时美国大学所用的教育社会学课本不同。后者乃是社会学对于教育的应用（The Sociology Applied to Education），我所讲的乃是把教育当做社会事实来研究，研究它和其他社会事实的关系，而寻索出其相关的法则。即如在何种社会体制之下，即有何种教育，便是可能找出的一种相关法则。这种教育社会学，涂尔干称它为"教育的科学"（La Science de l'Education），他的门人福谷奈改称为"教育社会学"（La Science sociologique de l'Education）。现在英美像这样讲教育社会学的著作也渐渐有了。这些著作名称为Sociology of Education，其实都是把教育当做社会事实来作客观的研究，求其与其他社会事实的相关法则的。我这样讲教育社会学，为时很早，既少现成的材料，而自己做研究的时间又不足，虽然编成讲义，而其内容我自己也不满意，所以不曾出版。后来因为变乱迁徙的原因，连讲义也遗失了。现在说来，是很遗憾的。

我在北大几年除了编述上述三部讲义和译了《实践道德述要》而外，还写了不少篇学术性和报章性的文字。其中用力最多的乃是发表在北大社会科学季刊一篇阐明教育的社会学基础一篇论文，文题为《社会学家涂尔干的教育学说》。我在上文曾说，我自在法国留学后，教育思想增多一方面的基础，便是社会学的基础。这基础是建筑在涂尔干的社会学之上的。我详述涂尔干以社会学家所讲的教育学说，便是说明我研究涂尔干所获的心得，和我的教育思想新方面的根源。现在涂尔干的社会学在美国很行时，他的著作，多数已译成英文了。也有人介绍了他的教育学说。我上述的这一篇还算是比较早出，也是比较完备的。

我在《明日之教育》，发表了《中国教育需要一种哲学》一篇文字，曾引起当时教育界的反省。我鉴于当时教育的理论和实施，纷纭变化，没有重心，引起矛盾冲突与混乱和失去效力，所以提出需要哲学的主张。我在文中指出教育目标、方法、课程和德育实施都需要一种哲学作指导。可是我不主张这种哲学从任何哲学家的哲学体系中产生，而是要全国各方面的先知先觉之士，对于中国过去的文化和现时的社会需要作一番综合的考察，先确定一种普通哲学。然后从而演绎出对于教育理论和实施的指导原则，这些指导原则，便是所需要的教育哲学。现在从逻辑实证论的观点来说，这种以哲学来规范教育的想法，已是"无意义"。可是我当时所主张不是以形而上学来规范教育而是以根据国家文化和社会需要而确定的公众蕲向，来规范教育，也许是无可厚非的一法罢。

我到北大任教的一年，即是九一八事变发生的一年。此后数年，虽学校勉强安定，但是平津甚至全国时在敌人威胁之下。教育界人士处此情境时时警觉和反省，也都想对地方秩序和国家危局略尽维护的责任。我当时在《大公报》发表两篇有关时局的星期论文。一篇论文为《中国没有抗日教育》。这是针对当时威胁平津的日本军阀而作的。原来日本军阀想攫夺平津，而以我们实施"抗日教育"为借口，声言要实行军事干涉。当时情势相当险恶。我便发表这篇文章，大意说中国只有爱国教育，并没有抗日教育。一个国家教其国民爱国是天经地义，日本即是实行爱国教育的著名的国家。如其一国受了别国的侵略而激励他的国民爱国，若是他们国民反对侵略国而有损两国睦谊，这责任在侵略国，不在被侵略的国家。侵略国应该反省而改变其行为。这篇义正词严的论文拆穿日本军阀的借口，对于当时地方当局对日交涉，不无助力。还有一篇是《论国难期内教育》。这论文发表于民国二十五年，乃对当时一部分舆论主张全盘教育改弦更张实行非常时期教育而发。此文大意是说，教育的效能原是有限并且是迂缓的。要解救国难不能全赖教育，也不能放弃百年大计，但求速效。国难期间所需要的教育，不应该只是在原有教育而外另加的一部分的特殊教育，而应该是全部贯彻救国目的的教育；也不应该只是应付一时非常局面的教育，而应该还是应付"来日大难"的教育。这篇文章对于当时停止平时教育改办战时教育的主张，发生了平衡的作用，也对于后来对日抗战时教育政策之制定和实施，不无影响。

我在北大任教期间，还因蒋校长的推荐追随他参加过庐山的教育会议。这会议是最高当局召集的，与时局有关。我在会中，只是备员而已，并无可述的贡献。中国教育学会在上海创立时，我也参加。这次创立会中，所讨论的主题为国联教育调查团的报告书。这调查团的构成分子，为欧洲大陆及英国的学者和教育专家。他们从欧洲教育的观点来看中国教育，并作成具体建议。其中要点为中国教育应尊重固有文化。国民教育应求普及。中等教育应将普通陶冶、就业准备及升学准备分别实施。大学教育应建立标准尤应采用与本国有关的教材。这些建议大多数是确中时弊，而且是平衡美国教育的影响的，我相当赞同。可是在中国教育会的成立会中，以京沪的教育学者占多数，他们多数是比较崇尚美国教育的，对于调查团的建议，多不以为然。我是孤掌难鸣，无法转移多数人的见解。会中终于对这报告书决定取保留的态度。可是当时以及后来的几任教育部长，对于国联调查团的建议各点，却曾先后采取一部分而付诸实施，这是中国教育史里可以记述的一件要事。

在民国二十二年暑假期间，我曾在安徽省教育厅任主任秘书，是临时协助北大同事杨廉教授的。当时安徽教育界人事不甚安定，因为我的同学在安徽教育界任职的不少，杨氏要我相助，原希望发生一点安定作用。可是因中学毕业会考试题问题发生误会，还引起了不大不小的风潮。我调停其间，总算平息。后来我假满回到北大以后不久，曾发表《写在各省市举行中等学校毕业会考以前》一文，根据在安徽的经验，对于会考办法的利弊作了一番检讨，并特别对于出试题的办法，有所讨论。我是不赞成机械式的测验题的。因它徒重记忆，不能真正考验学生的学力，而且影响了教育品质。至于一般的教育和智力测验，当然另有价值。四十年后想起安徽风潮的往事，不禁感慨系之。而当日的同事杨氏，却在后来的四川省教育厅长任内，因未明的事故而丧生，尤令人不胜唏嘘。

民国二十五年（一九三六）冬季，我在北大休假，赴美国考察教育，我在北平的教学与著述生涯，便告一段落而另启一个旅程。

赴美考察与返国从政

    我在北大任教至民国廿五（一九三六）秋季已历五年。其时北大新订办法，凡是教授任教满五年可以带薪休假一年。我因当时教育系系务不能分身，迟至该年年假开始休假，休假期也自动缩减为半年。我利用休假时间，赴美考察教育。赴美动机有两种，一因中国教育采取美国制度，施行新学制，考察美国教育实际情形，可资借鉴；二因在北大讲教育哲学以杜威学说为重点，但也有补充与保留之处。尤其对于崇奉杜威学说的新教育运动，我发现其偏差之处，曾有批评。究竟个人所见所思，是否确当，需要向杜威当面请教，并和美国教育实施情形相印证。因此两种动机，我便决定美国之行。

    我是从上海搭轮船赴美的。最先抵达的城市是旧金山，人地完全生疏，所幸住在中国城的青年会，会中请一在大学肄业的中国学生陪我参观几所华侨学校和加州大学。这时的美国生活状况，我觉得和欧洲相差并不很大。加州大学尚是一个规模不大的地方性大学，我当时对它的印象并不太深。当地中小学除了华侨学校而外，也曾参观几所，亦无深刻印象。在旧金山住了一两星期，除了观风问俗以及浏览风景而外，对于教育并没有甚么心得。离开旧金山后取道支加哥赴纽约，在支加哥没有停留很久，只参观了支加哥大学和几所中小学。我当时对于美国中小学的学制，感觉惊异的。即是我国所采取于美国的六三三制，在旧金山与支加哥并未普遍施行，而我国已经全国采用了。支加哥大学的附设小学，原系杜威的最初实验他的学说的"Laboratory School"，因为无人介绍，未能参观，亦不知是否照旧存在。杜威当年在支大任教时曾与同事创实用主义之支加哥学派，此时已是人物全非了。后来反对杜威教育学说最力的，还是支加哥大学校长Robert M.Hutchins。后文再叙。支加哥当时给我的印象，是忙乱而不安全，所以稍住即往纽约。

纽约是我那次访美的生活中心地。停留了几个月，在纽约情形与在旧金山、支加哥不同，此地遇逢几位在哥伦比亚大学师范学院学教育的老友，如胡家健和张钟元两位学长以及在安徽的同事陈君东原，他们对于我在纽约的教育考察与研究工作以及名胜风景的游观，都有很多的指点与帮助。我到纽约后第一件要事，便是拜访杜威。我是在一九三七年春季在他的寓所会见的。同时参加会谈的是编《杜威哲学》的

Joseph Ratner。我初到美国的心情是感觉过去以社会的观点批评杜氏学派趋向个人主义的极端，尚不肯十分自信，所以要当面请教杜威。可是我一到美国即发现杜威和他的学派正开始一种新运动，即是所谓"Social Frontier"运动。这种运动的主旨，在于发挥教育的社会功能。他们要藉教育的力量来实施社会计划，实现新的社会理想，以改善社会大众的生活。他们反对陈旧的个人主义，反对对于社会经济取放任政策。他们要以有计划的社会组织，来代替无限制的个人自由。这是他们的社会理想，也就是他们在教育方面所要达到的目标。这种运动和杜威学派的左翼如"前进教育联合会"（Progressive Education Association）的注重个人主义和放任自由的立场正相反。一九三三年以后，美国经济的恐荒，乃是发生这种运动的主因。杜威的教育主张本是折衷于社会与个人两极之间的，因为适应当时美国社会的要求，所以加入了这新运动，要把教育的重心移向到社会方面。我原来要想就教于杜威的，就是关于教育的社会价值方面的。当时发现杜氏本人及其学派正在自行矫正过去偏重个人与儿童中心的趋势而注重教育的社会职能与价值，我的主张已得到一种印证。这一点已无再向杜威请益之必要。我的主要问题，在会见杜威以前已自然解决了。我这次与杜威会晤，未泛谈教育社会价值。但是"社会"是一普通名词，其范围有广狭之不同，一个民族国家是一社会；一个国际组织如"国际联盟"也是一社会。问题是要决定民族主义或国家主义和世界主义在教育方面的相对价值。我国自清末兴办新教育以迄第一次欧战终了，教育精神是贯彻了民族国家主义的。第一次欧战以后，世界人士憧憬于国际和平，倾向世界主义。杜威在第一次欧战中对于德国的黩武，曾著书归咎于它的狭隘的民族主义的哲学和教育。因此在中国教育的理论和实施上，也以世界主义代替了民族主义。当时我虽参加在少数思想家的行列，为此而危惧，曾有相对的国家主义教育的提倡，但要等到国民革命成功，教育上民族国家主义，才渐渐抬头。经过九一八的教训，教育界才觉到为求民族的自卫与生存，在教育上仍不能不采取民族主义或国家主义。但是在理论上这种转变，是否确当？我便首先以此请教于杜威。我的问题是："在中国受帝国主义侵略情形之下，教育上应该注重的是世界主义，还是民族主义？"杜威毫不迟疑的答复我："应该注重民族主义。"这个答复增强了我对于民族主义或国家主义的教育的信心。

我又向杜威请教第二个问题。原来有一部分批评杜威教育学说的人，常说杜威主张在学校内"任儿童为所欲为"和"不令儿童为所不欲为"。第一点批评是无根据的，"任儿童为所欲为"乃是无政府教育家如托尔斯泰等人的主张，不是杜威的主张。第二点批评是否确当呢？杜威确曾主张要尽量使儿童"欲其所为"，要使儿童对于学习发生兴趣，自愿从事。这是他在教育方法方面的重要贡献。但是如果有一件社会性重要的工作不能令儿童发生兴趣，自愿从事，是否可以勉强他做呢？是否可令儿童为所不愿为呢？换言之，教育上是否可施行强制作用（Constraint）呢？我将此问题请教杜威。他的答复是：如果在学校内，儿童的学习，和其实际生活发生密切关系，需要强制学习的成分是很少的。如果社会工作，照他民治主义的理想，充实其文化陶冶的意义，即使极机械的工作，也可使其本身发生兴趣，需要强制从事的工作，也是很少的。可是如果学校工作与社会工作不能安排到如此的境界时，强制作用，如有必要，也是可用的。他这个答复否定了他的批评者"不令儿童为所不欲为"的假定，也避免了"新教育乃是软性教育"的批评。我尤其感觉满意的即是杜威这个答复为义务心的训练留着余地，而我在《教育哲学大纲》内所主张的道德教育应该促使儿童从爱好应做的工作的阶段更进一步，到为尽义务而做应做的工作的阶段，也从此得了间接的认可。我也从此确认了杜威关于教育方法的立场：尽量使儿童"欲其所为"；不放任儿童"为其所欲为"；有限度的强制"儿童为其所不欲为"。

我和杜威当时的谈话，除以上两个问题而外，还涉及其他次要问题，现在已不能回忆了。问题谈完之后，我问他正从事何种新著。他说正在写论理学。我想这位大哲学家原是以试验论理学起家的。他的工具主义应用到普通哲学、社会哲学、道德哲学、教育哲学和美学种种方面而构成一个完备的体系。现在他还要回到论理学，加深奠定他的全部哲学的基础，这种头童齿豁老而弥笃的精神，实在是令人钦佩的。

我会晤了杜威以后，也曾参观若干中小学校，看美国教育的实际情形。有些是保留传统式的，有些是十分前进的，但是大多数是受了杜威及其同派的新教育理论的影响。这些学校有较多的生趣和愉快的气氛；有较多的自由和独创的精神；师生间有较多的合作，有较多的实际和创造性的活动，有较多的反省的思维，在团体生活中有较多的民主方式。这些现象显然是美国教育的特色，也表明受了杜威的影响。

在美国参观教育，我的主要兴趣还偏重在理论方面，所以我注意美国的教育理论的中心，哥伦比亚大学师范学院。在这时的师范学院中，杜威与桑戴克早经退休，已不似前数年的全盛时期。但是有许多知名教授如William C.Bagley，Issac Leon Kandel，William Heard Kilpatrick，George Sylvester Counts，和John Lawrence Childs等都尚在校。还有临时的访问教授英国的政治家Harod Joseph Laski教授。阵容很盛。我不时在他们上课时旁听，也获得若干教育上的新观点和新见解。其中最值得特别注意的是Kilpatrick，Childs，Counts三位。他们即是上面所提到的Social Frontier运动的主要人物。他们因为经济恐慌的刺戟，突然从偏向于儿童中心的教育转而提倡近于社会中心的教育。我对于他们注重教育的社会功能，能够补偏救弊，固觉实获我心，但是同时又觉得这种运动有趋向另一极端的危险。他们热心于借教育力量从事社会改革，未免过分夸张教育的效能。他们主张由教育家自身决定社会理想，以教育力量求此理想的实现，遇必要时教育者还要直接参加改革社会的行动。因此他们从事组织政党。他们即以哥大师范学院的"新学院"（New College）为试验这种主张的场所。我当时颇为这种运动的前途担忧。我的认识是这样的：教育应该注意到社会的功能，应该使未成年人能适应和在将来改造社会生活，这是不成问题的。可是教育者是否能自行决定一个新社会的理想？假使决定了，是否可单靠教育的力量来实现它？教育者除了学校工作外，是否应组织自身成一个政党来从事政治斗争以求这理想的实现？我根据过去对于社会学的素养，对于这些问题的答案，都采保留的态度。因此哥大师范学院的中国同学会邀我演讲时，我便以《教育学者自己的园地》为题来批判这种运动。我的讲词中的积极主张是：教育学者自己的园地，是教育理想和目标的批评和分析，以及达到教育理想和目标的技术的建立。在这园地内的工作，教育学者是可以胜任的。出了这园地要以教育者的身份自行决定社会理想，自行求其实现，恐难胜任愉快。如勉强从事，难免采取了不健全的主张贻误社会，或是无意间受了党派的利用；成为政争的工具。这一番话，并未能博得当时所有听众的同情。可是我于一九四五年二次到美国时，这种运动已经近于停歇。Counts等人的以教育建立社会新秩序的呼声，已经渐渐低沉了。当时对于苏联新社会极表同情的Counts因为在实际的行动中受了教训，对于苏联政治和社会的批评比他所目为反动派的人更激烈了。"新学院"沦为党派行动和斗争的场所，失去教育的意义，已经被哥大师范学院停办了。我的不快的预言，竟于数年后不幸而言中。这和我在赴美前数年批评新教育的过重个人主义的倾向所预言的流弊，后来在美国教育方面也不幸而言中，如出一辙，不过所批评的两种主张恰恰彼此相反而已。

在美考察近半年，我于一九三七年夏初取道欧洲返国。乘英国轮船至巴黎登岸。在巴黎访问巴黎大学及旧日师友：福谷奈、瓦龙与皮冶庸教授，均曾重晤。皮冶庸与瓦龙教授，在我第三次赴巴黎时，还再见一面。至于福谷奈教授，此次是最后一晤。巴黎情形，似乎一切如昨，无可叙述。我在巴黎曾经参加两个国际学术集会，一为国际哲学年会；一为国际道德教育会。我在后者，曾作一演讲，题为《中国的道德教育》，同时演讲的有李石曾先生。这是我第一次与李先生晤面，他是留法前辈，我在北大任教时间，他主持北平研究院和中法大学，本来早应晤教，可是因为我并非俭学生，也非勤工俭学生，又非里昂中法大学学生，和他本少渊源。又因当时的北大与北平研究院和中法大学在学术上的交往不多，所以直到巴黎会中，才与石曾先生初次晤面。晤面之后，一见如故。展开了日后领教与合作的机会。

在巴黎，得悉中日战争已起，因而急于返国。我是从义大利乘义轮返国的，同船的有自英学成返国的周鸿经、唐培经和汪沅诸位东大学长，还有桂永清将军。到中国履新的捷克公使，也在船上。桂将军因为公务关系，和公使熟识。为联络同舟之谊，他约集船上中国乘客，请公使演讲。因为听众不通捷克语，公使又不会讲英文而会讲法文，桂将军便请他用法语演讲，由我担任国语翻译。无意间我在船上做了一次国民外交。

轮船行抵香港时，因为上海已有战事，不再前驶。我们便舍舟登陆，搭火车至广州乘粤汉铁路火车到汉口，由汉口再搭船到南京。经向亲戚家打听，我的家眷已迁避湖北蕲春。当时听说胡适之先生在京，访晤得悉北平沦陷后北大、清华、南开三校南迁，将在长沙合办临时大学。他嘱咐我早往长沙集合。我随后遄返如皋省视双亲。这是我和先父最后一次会面。他不幸在抗战期间弃养于故乡，而我则远在重庆，由先母料理丧事，想起不孝之罪，歉疚无已。在家未住多日，即取道南京赴蕲春挈眷属赴长沙。在长江轮中，几次经敌机轰炸，幸免于难。抵长沙后不久，又随三校文学院师生迁到南岳上课。这时是一九三七年秋季。三校文学院教授集合一起，人才济济，为名山生色不少。文学院院务由文学院院务委员会主持，我被推为委员会召集人兼主席。文学院设在旧圣经书院内，院舍不大，勉强可以安排教室上课。山上远隔尘嚣，颇为清静。师生在山上结集，生活如在丛林。一切虽然简陋，教者学者还另感一种乐趣。上课数月，发生一不幸事件，有一学生在校旁黑龙潭游泳，失足受伤，校中没有医药急救设备，我和朱自清教授伴同受伤学生乘滑竿下山到镇上卫生事务所，以为可以急救，孰知该所只讲卫生教育，并无医药救急设备，眼看该生当场死亡，不胜痛惜。因为这个经验，我深感不明医药只讲卫生教育之卫生事务所，实在误人不浅。以后在主管高等教育行政时，曾竭力反对在教育学院设立卫生教育系，而主张将该系改归医学院设置，即是有鉴于这次的不幸事件。

我在南岳经过近半年的安静生活，忽于一九三七年底接到来自汉口的电报，有事要我去到汉口接洽。这时国民政府已经暂时移在汉口办公。到时晤见陈立夫先生，才知道他已接任教育部长，要我担任高等教育司司长，并说已得蒋梦麟校长同意，要我立时就职。我因战时征召，义不容辞，便于一九三八年一月接任新职。我在当时，并非国民党党员，与陈部长在过去交往仅一面，突然有此任命，当时很感意外。后来方知陈部长主持全国教育行政，要从全国教育界物色人才来帮助他推行国家教育政策。他过去对于我的教育言论和任教的成绩，具有印象；又因为我在南方的大学受教，而在北方的大学任教，比较了解南北两地的高等教育情形，所以他便想起以我承乏高教司长一席。我有感于这种特别遇合，又因战时各大学院校播迁在途，员生颠沛流离，图书设备散佚，抚辑流亡，恢复弦诵，急不容缓，既膺任命，不容推诿，所以便以感奋的心情，追随陈部长负起这艰钜的责任。

我任高教司长自一九三八年一月就职起至一九四四年之年终行政院改组随陈部长离职为止，共计七年，几乎与抗战相始终。在任职期内，由于陈部长的领导与信任，司中同仁的合作，高等教育界同仁的了解和赞助，在战时襄理高教行政，略有建树，这是我一生在事业方面比较有成就的一段。其详细事实，在陈部长的《战时教育行政回忆》一书中，已有记载。我现在只复述几件荦荦大端，并旁及若干未经记录的当时的逸闻琐事。教育部原来直接办理的教育事业，主要的便是各大学院校。战事一起，大多数院校不能在原地维持。教部当时所遭逢的第一问题，即是对这些院校如何处置。当时中央的决策，为抗战与建国兼顾；为了准备建国人材，决不能停办高等教育。陈部长秉承中央决策，认为大学院校，不但要尽量维持正常教育，还要应战时和将来建设需要酌量扩张。我过去在《大公报》所发表关于论国难时期的教育的主张，也大致相合。我们执行这既定的政策，将在前方可以迁移的院校尽量迁设后方（其中有一迁再迁，甚至有八迁的），继续办理，并在后方增设新校。由战事初起时之一〇八校至卅三学年度增至一四五校。学生人数亦由四一、九二二人增至七八、九〇九人。大学研究所亦由二二所增至四九所,研究生人数由七五人增至四二二人。战时高等教育,在数量上非但没有减少,反而增加。在战时人力物力困难和时局危难情形之下,有此成就,当政者以及院校当局所经的艰难困苦可以想见。

战时高等教育,不但在数量上维持和扩展,还注意到素质的改进。其主要的措施,如整理大学课程,编印大学用书,审定教员资格,举办统一入学考试与学业竞试,实行毕业总考,推行导师制度,与划一大学行政组织等等,都是战时新创,积极推行,收有相当成效。可是这些新创的措施,在推行时起初并不顺利,有许多阻力,必须克服。我和司中同人设法克服困难,不知耗费了几许心力。这些困难,在物质方面,因为财政当局的同情协助,较易克服。惟有心理方面的阻力克服不易。原来在战前的高等教育固然有相当的发展和成就,可是有不少缺点,如学校分布的散漫重复,课程的不切中国需要,内容的支离分裂,教员的资格冗杂,学生程度的相差悬殊等等,一般社会早有批评,国联教育调查团也曾建议改进。到了战时,在人力物力的万分艰困情形之下,维持和发展高等教育,自然应该格外校正这些缺点,使得应用最小的人力物力可以获得最大的效果,也就是获得高教素质最大的改进。上述整理课程等等的措施,即为此而起。可是当时有两种心理阻力。第一阻力，即是过去高教一向是在自由散漫空气之下进行的，无论在课程师资，成绩考核，训育实施和行政组织方面，都是校自为政，人自为政。如由教育行政机关，对此等措施，稍加一致的规定，使高等教育能增进效率达到一般水准，有些人未免认为干涉学术自由和不尊重教员清高地位。这是最大的心理阻力，也是一个微妙的问题。因为应付一不小心，便会引起所谓自由与统制的对立。我是从大学出来的人，要执行大学不一定欢迎的政策，很容易陷入夹缝之中。可是我本人以为国家出钱办理高等教育，本具有管理之权，加以战时与平时不同，任何国家在战时对于自由都不得不有相当限制。中国战时高教，自不能居于例外。所以认为对于高教措施在有限范围以内，加以规范乃是合理而必需的。为了减少阻力，在执行时，不仅凭赖法令，还尽量使用说服的方法。同时向部建议设置了一个学术审议委员会，一半委员由大学校长选举。关于审定大学教员资格等有关学术事件由这委员会审议决定，这样可使高教同仁相信审查教员资格或决定学术问题不是由行政人员专断，而是由他们的代表参与共同决定的。此外关于课程规定，也是根据部外专家大学教授的起草，开多次会议共同决定的。经过这种民主公开的程序，以上所说的各种新措施，终能顺利推行。我这样执行政策，勉力完成任务，幸而没有引起高教同仁的反感。在胜利复员以后，北大在北平复校，胡校长还要聘我回校任教，可见我并没有因为在战时从政的措施而失去旧日阵营的信任。这是我至今引以自慰的一件事。

当时推行新措施的另一心理阻力，乃是新文化运动所遗留的崇西轻中的心态。这种心态乃是我们改革大学课程的阻力。当时大学课程的不合中国需要，国联教育调查团早经指出说："外国教育之影响甚巨，对于重要学科之研究，大半皆藉一种外国语为媒介，所用之材料及例证，亦多采自外国。"（见该团报告书）陈部长也慨叹这种情形的中国大学为"文化租界"。他要收回租界，便从整理课程，规定必修科目，及编印注重中国材料的大学用书下手。我负责执行，也遭遇不少困难。有若干人认为注重中国文化，重视中国教材，未免是复古守旧或安于简陋。克服此种阻力，还是用个人说服和公开会议的程序。结果终至做到规定了大家所同意的各学院必修科目表，每个科目的教授大纲则由教员自订；并由部聘请各校专家编辑注重中国教材的大学用书，利用中文编译自然科学各科用书，作为教者学者的参考，而不作为部定的教本。

我这样的执行政策，总算是在自由与统制，和中化与西化两项可能的对立的夹缝中分别打出了一条通路，大体完成了任务。

战时对于战区退出的大学院校员生，都有适当安排，我对于襄助抚辑流亡，也曾尽力。凡随原校撤退的员生，大部在后方复校安置。其由战区退出流离各地之员生，则由部登记后统筹安置。学生依战时首创的借读办法，分发后方各院校插入相衔接之科系班级。极大多数均在借读学校完成学业，其中并包括香港大学学生。教育部对他们一视同仁分发借读，与其他公私立学校学生同样待遇。其人数以百计。据我所知现在香港政府、议会及大学中不乏重要人物，系在战时由教育部分发借读完成学业者。所不免遗憾的，即是我方过去对香港大学一视同仁，而香港并不念战时友谊，也不考虑我方大学的水准，对于我方大学毕业生在香港服务的，并未承认他们的同等资格。我方医科毕业生在港寻求工作，还不免受同业歧视。过去我曾主持分发香港学生借读，此时目击此种情形，未免感慨系之。

在战时，我们对于大学院校学生，不仅有教还有养。我奉命手拟贷金办法，对于他们的膳食、被服、零用，均以贷金给付。最初是贷金，还希望将来偿还，后来索性改为公费。最初受惠的限于大学院校学生，后来推广及于所有战区的中等学校学生。在当时政府筹措这笔钜款，实属不易，而赖贷金或公费培育成材的学生约有十三万人之多。我是清寒苦读，赖公费教育得以上进的，由于切身之感，所以对于公费制度的执行和推广不遗余力，也是事所当然。

战时征调大学院校学生，直接支援战事，也是值得叙述的一件大事。最初是医科、工科毕业或高年级学生受征调到军中去工作，后来加调英语系四年级学生为来华美国空军译员。到军事紧急外国援军增多时，又将重庆等区各院校外国语高年级学生一律调为军事译员。此类学生经征调者总共有六、三七一人之多，他们都是见危授命，没有一个临危而规避的。到了三十三年冬季，军事情况更趋艰险，教育部更发动了波澜壮阔的十万青年从军运动。各大学院校学生投笔从戎，社会动容，军队振奋。虽然由从军青年编组而成之青年军，实地作战未久，即告抗战胜利，但是青年爱国牺牲之精神，以及鼓舞士气之作用，是极难能可贵的。从以上的叙述，可见战时高教不但为未来建国储备人才，同时对于直接支援抗战也已尽了最大的努力，我于役其间，也深感为国尽力，是十分快慰的。

战时的高教司，还兼管国际文化合作。我也执行了几项有意义的任务，如开放留学，优给外汇，如协助在职教授学者出国考察与进修，如举办公费留学考试，如与英、美、印度等国交换讲学人员，都有很好成效。我另有一自以为得意之作的建议，便是在外汇比较充裕时，在英、美、印度三国共计十四个大学内设置研究中国学问的奖学金，由各大学就其本国学生申请者核选，每校得奖学金名额各限五名。此种奖学金设置，在战时似属不急之务，但是几年之中，成就了不少英、美两国的中国学专家，其中最著名的有两位：一位是吴克教授（Prof.Richard L.Walker），为一有名之反共学者。曾为耶鲁大学教授，并在台湾为客座教授，他曾向美国雅礼协会建议补助在中国大陆变色后流亡在港的学校，后来由该会决定补助新亚书院而有今日的规模。另一位为现任哥伦比亚大学副校长的狄别瑞教授（Prof.W.T.De Bary）。他是在费正清教授（Prof.John K.Fairbank）一派汉学家而外别树一帜的汉学家。他的汉学研究注重宋明理学，与费正清只研究中国现代史，为中共张目者不同。因为他的领导，哥伦比亚与哈佛在汉学研究上成为两个对垒。吴克与狄别瑞两位教授的严正立场，自非出于偶然。

战时为了实行中外文化交流，我还参加了经印度政府邀请，由我国政府派遣的"赴印教育文化访问团"。印度当时犹在英国统治之下，英国为了缓和印度反英情绪并结好我国起见，故请我国派遣此访问团。原来政治意义超过教育与文化的意义。我们成为印度总督的上宾，备受礼遇。印度政府为访问团特备专车访问各邦，历时一月有余。随团招待人员由英国外交部派重要官员二人充任，其中一人不久即派为英国驻华大使馆代办。访问意义虽偏重在政治方面，但是我们还是创议和完成两项有意义的教育文化交流工作，一为中印交换留学生十名。我国赴印的交换生中有特出人才，如沈锜"大使"，便是在交换计划下完成学业而后来著有成就的。其二为邀请印度哲学家后来任印度总统的赖达克里希那（Sarvetalli Radhakrisknan）来我国讲学。他在重庆讲学，始终由我照顾，后来在印度承认中共之后，在巴黎开联合国文教组织大会时相遇，他对我反眼若不相识。我提起往事，他居然说："此一时，彼一时。"东方人的念旧美德，在这知名的印度哲人心中，早不存在了。

我在高教司长任内，还偶然短期兼任一个学校的校长，这学校便是国立重庆商船专科学校。我于航运毫无素养，担任此职，实是不伦不类。本来在当时我如有意作与我志趣相合的一所大学院校校长，机会是很多的。和我同时的部中同事，如中等教育司司长，社会教育司司长，蒙藏教育司司长，和一位参事，都先后外放为大学校长。我之无意于此，固然由于当时主管全国高教，报国有道，不应见异思迁，而最重要的原因，还是于我因职务关系与全国大学院校校长多有接触，深知此中甘苦。尤其在战时校长职责，格外艰钜。个人自省才学有所不足，所以无意尝试。不但战时我未作此想，就是在战后朱骝先部长要我接长一所大学，我也未就。最后在香港一度担任新亚书院校长，亦是为情势所迫，非所始愿。那么何以独独在战时欣然担任商船学校校长呢？这是因为当时由高教司与交通部合作筹办商船学校完毕后一时未能觅得合适校长人选，所以由司长暂兼校长。几个月后觅得适当人选，我便交卸兼任职务。我对商船学校除有草创之劳而外，无特殊贡献可言。惟有一事至今值得记忆者，即是在校舍尚未建筑完成时，我以停泊在重庆附近的江顺轮为校舍。在真实的环境中，实行关于航运管理、轮机和驾驶的教育与实习，乃是十分亲切而有意义的一种措施。这可算是我国航运教育史中一个小小的插曲。我当时招收的第一班学生，至今有不少在海洋轮船中任船长和大副二副的。可惜我多年旅行，少乘轮船，否则"行李之往来，供其困乏"，方便得多哩。

民国三十三年终，行政院改组，陈部长辞职，朱骝先先生继任。我照例请辞。陈部长因为高级职位，应留后任另行选人的便利，便于移交时批准我的辞职。又因我在部七年，尚具劳绩，派我和总务司长蒋君志澄赴美考察战时教育，以备将来对国家再有所贡献。朱部长在接收会议上，当场留我，并在会后托友人表示，如愿意留部当界以较高职位。此种盛意可感，但因七年辛苦，需要休息，又因朱部长对于当时所实施之高等教育政策虽然十分赞同，但在执行上，前后任难免有出入，我继续任职，或有不便，所以便婉辞朱部长的盛意而与陈部长同去留。

我在教部的七年，是我对社会与国家比较有贡献的时期，现在回忆这一段时期的生活最感觉愉快。我在长官领导和同仁协助之下，在高教政策的执行方面有相当的成就。其中值得提及的，那是在战时对于国家人才的维护和培育，而这些人才对于抗战和建国以及学术与文化都分别有很大的贡献。这人才的维护与培育的政策固由教育部长或较高的权威机构所决定，但献可替否，我曾尽其棉薄，而在执行方面，尤负重责。在战时一切艰困情形之下，我和司中同仁，不辞辛苦，不避艰险，运用智慧、勇气与毅力，克服政策执行方面一切困难，终能相当完成任务。我们环顾现在台湾，在海外，凡在政府、社会、实业、教育、学术文化各方面，年在五十左右的领袖人物和中坚分子，大多数是经过战时维护和培育的人才。当时我备员部曹，于役其间，直接能为他们服务，间接对国家社会有所贡献，现在想来，实在感觉十分荣幸。

我执行政策，能完成任务，主要由于陈部长的信任。在决策时，他能倾听和考虑我的意见，在执行时，他教我负全责，很少干预。司中用人，也是完全由我保荐核用，所以执行司务，能收指臂之效。加以陈部长的教育理想，爱国热忱，和对于中国文化的尊重心，是我本来所赞佩的，所以在商订政策时，便格外契合无间了。由于陈部长的信任，也由于战时举国上下，多抱献身救国的最高理想，所以我勤奋从公，七年如一日，从不为个人利害打算。当时因为避免敌机轰炸损失，教育部大部分办公人员，在重庆郊外青木关，少数高级人员与部长则大部时间留在城内川东师范学校内的办事处，处理紧急事件。有时为了争取时间，往往由部长与我商定处理一个案件的办法后，即由我亲自拟稿，由部长判行，立即缮发。我兼做了科员与科长的职务，不以为苦。有时敌机轰炸即在防空洞内处理公务。我在川东师范内部中宿舍内的蚊帐和随穿大衣，常经弹片穿破，伤痕累累。战后复员时我想留为纪念，可惜在教部复员时随船沉没了。我在部中宿舍夜宿时敌机轰炸，一夕数惊，因此虽在无敌机轰炸时亦在睡眠中无故惊起，向外奔跑。此种情形，在三十多年后的今日，仍不时发生。我在城内无紧急公事时，往来城乡办公处之间，以公共汽车为代步工具。乘客拥挤，我往往全程站立。且途中常遇轰炸，有一次下车躲避，遇见财政某首长也避在附近。他邀我随车进城。司机见我衣服破旧，手携包裹，疑为侍役，不让我在后座与首长同坐。狼狈情形，可见一斑。战时物资不丰，大家营养不良，而疟疾流行，几乎人人不免。每年我要病疟一两次，往往力疾从公。我离部到美国考察时，疟疾还发作。医生劝我不要声张，恐怕卫生机构知晓，要送到传染病隔离医院医治。

我在教部服务时，有一件要事，最后要在此叙述的，即是我在前边曾经说过，我进部时并非国民党党员。陈部长虽系党内要人，曾主持中央党务，但他在教部，系推行国家教育，并未使党务搀入教育行政，也从未要求我入党。我的成为党员，系在民国二十八年开全国教育会议时。当时蒋委员长在会中讲话，以国势危急，要教育界人士，不要自鸣清高，要大家加入国民党行列，一齐为抗战建国而奋斗。当时有许多教育界知名人士受了他的感召而入党的，我是其中之一。我入党以后，还是一本初衷赞襄高教行政。作为一个普通政党的党员，我在党内虽非积极分子，也无任何依傍，但是始终是一个单纯的忠实党员。

再度出国考察与返国后
教学与行政的交迭

　　民国卅四年岁初，我乘美国军用机赴美考察教育，经过加尔各答、开罗和卡索白兰加而达美国。一路曾稍停留。抵美后，先后在华盛顿、纽约、支加哥、纽阿尔兰斯及其他城市参观教育，中间以在纽约停留时间为最久。该年为第二次世界大战同盟国胜利之年。我国为战胜国四强之一，所以我们中国人在美国较以前受人重视，我以极愉快的心情在美国度过近一年的寓公生活，是毕生可以纪念的。

　　我这次在美国的主要任务，虽在战时教育的考察，但是到美未久，战事即已停止，所以除了在纽约及其他各州，对于一般教育作普遍的考察而外，我的兴趣，还偏重在研究教育理论，尤其是杜威的教育哲学方面。因为这主要兴趣，所以以纽约市为我的活动中心，而常到的地方仍是哥伦比亚大学，尤其是它的师范学院。我在上文曾经提到过，此时的哥大师范学院，已经不再是新教育或前进教育，也不是Social Frontier的大本营，而有趋于保守的现象。杜威的大弟子克伯屈教授（Kilpatrick）虽经学生的挽留，也终于由当局照规例请其退休了。这时不但哥大师范学院发生这种转变，美国教育界对于杜威及其学派的批评也多于称颂。这时已是杜威在美国教育方面的影响，渐走下坡的开始。教育界的批评，以当时支加哥大学校长Hutchins，和纽约大学教授H.H.Horne、哥大师范学院的教授W.C.Bagley和I.L.Kandel的批评为最有力。他们批评崇奉杜威哲学的所谓"前进教育"（Progressive Education）。这前进教育误解杜威，或是把杜威的教育主张推演到极端，一切教育措施趋向任儿童为所欲为。既无确定课程，又无训练。教师退居于旁观的地位，完全凭儿童的兴趣而学习。以致儿童对于基础知识和技能的学习，不免忽视；对于奋勉求知的功夫，也无训练。结果是程度低降，纪律松弛，缺少教育的成效。因为此种弱点的暴露，所谓前进教育，在当时几成取笑的名词，而推行前进教育的"美国前进教育联合会"竟被迫而更改它的名称。这种不景气的情形，使我在十多年前对于新教育的评价，得了一番印证。在当时教育反对派中成为杜威及其学派的劲敌的，首推支加哥大学校长Hutchins。他的批评虽然最初偏重在高等教育方面，但是后来推广到整个教育方面。他著文和杜威辩论，他反对杜威学派不肯确定固定课程，反对课程内种种繁杂的活动以及职业性的成分，又反对无限制的选课制。他认为有若干真理是超乎时空而长在的。学校课程应注重这些真理的传授。他甚至主张大学课程应回到中世纪的七艺。他认为如要传授这些真理，并使学生得着思想的训练，莫如令他们精读古代名著，所以他提倡如圣约翰书院（Saint John's College）所行的阅读百种名著的办法。他反对大学教育的职业化或过分专业化，他要大学保持文雅教育（Liberal Education）的传统。他的主张恰是对于杜威教育思想的反动，不免趋向另一极端。可是他在当时美国教育界发生影响，尤其显著的是在高等教育方面。哈佛大学、耶鲁大学和普林斯登大学当时的改革课程，注重普通陶冶学科，限制或取消学生选课制，奖励阅读名著，显然是多少受了支加哥大学的影响。我在当时感觉是：美国现代教育思想，正是转变到古典主义或形式主义抬头而前进派失势的阶段。

在美国当时的教育思想背景之下，我当然亟于要面晤杜威请教。我初到纽约时，他正在南部避寒。直到一九四五年的六月，我才和邱椿教授和在哥大师范学院研究的朱启贤君一同去见他。同时接见我们的，还有他的小姐Jean Dewey。我们因为他刚经过手术出医院不久，又因其年高不应过分烦扰他，所以只谈了几个比较轻松的问题。

我们首先请问他对于中国教育有甚么具体的意见。他很谦虚的答复说，因为离开中国已久，不甚了解中国现实的情形,所以对于中国教育没有甚么具体的评论或建议。他的答覆,使得我们对于他论事慎重的态度十分钦佩,和一九四四年哈佛大学教授R.B.Perry等人,没有察觉国际间有组织的对于中国的宣传与中伤,而误信中国教育控制思想遂加以抨击,显然不同。

我们请问杜威的第二个问题,是关于支大校长Hutchins和他关于教育理想的争辩。杜威含笑回答说:Hutchins的主张虽然不免极端,可是在实施上,并不如此。即如支加哥大学便是很现代化,很注重自然科学的,他并没有把它的课程退回到中世纪的七艺。杜威这回答,对于Hutchins是很公允的。当时的支大不但是课程没有回到七艺,还容忍校长所反对的职业主义而接受支城旅馆业公会的请求,在大学开旅馆业研究班哩。我们又问到圣约翰学院的阅读百本名著的计划,他很诙谐的答覆说,这计划不足重视。这学院的人数很少,其数目不比它所规定的名著数目为多。最后我们问起美国教育的逆流,是不是由于新教育或前进教育的实施趋于极端而起的反动。杜威也承认这事实。所以他介绍他和他的小姐所合著的《明日之学校》中所提起的若干合于他的理想的试验学校,希望我们去参观。后来我们照办了。他丝毫不因他的学说受批评而发生悲观。他介绍我们参观几所试验学校,还是出于他的一贯主张:一切理论的争执,惟有凭实际证验来解决。

我们为了尊重杜威的健康，不敢多谈，所以在略谈其他几个次要问题后便告辞了。他送到电梯告别，还郑重说"希望再见"，不幸此别竟成了永别。

我在美国考察的后半期中，德国与日本先后投降，世界大战结束，同盟国获得胜利，我国跃居四强之一。我在国外，感觉十二分的欣奋，尤其不能忘记的，是在纽约时报广场参加庆祝胜利那伟大欢乐的场面。胜利来临了，我亟于作回国的打算。在战时先母始终在沦陷区，音讯久断，我恨不得插翅飞返省亲。可是我考察期限未满，国内又未派新任务，未便即回，实是万分焦急。在纽约再耽搁了若干时日，快到一九四五年年终，我便在纽约乘自由轮经巴拿马运河返国。在纽约当自由轮正要启椗时，接到母校中央大学的电报，聘为教育系教授，算是应聘而回，虽然考察满期尚差一两个月，但是于心稍安。返抵上海后，即赴南通戚家会见先母，七年违侍，一旦归来，而先君已在泉下，母子重聚，有说不出的悲欢。我此刻写到当时情景，不禁热泪盈眶。我奉侍先母到南京戚家暂住，便赶赴重庆与家人团聚，同时即到中央大学上课。不久中大复员，我也挈眷还都与先母团聚，即在南京定居。

我在中大任教近三年，因为时局动荡不安，学潮时起，学生不能安心求学，教员也不能专心任教。加以法币日日贬值，教员非另兼职不能自活。我还于任教的下半期，兼任了正中书局的总编辑，不时往来京沪。又于任教不久，生了一场大病。在此情形之下，我很惭愧，受了母校多年的培植，而返校服务，未能对母校有甚么贡献。我在正中书局兼职一年多，除了收印了几部学术专著如柳翼谋先生的《中国文化史》、熊十力先生的《读经示要》等等和几种教科书而外，还约请钱宾四教授为特约编纂，主编《四部选萃》；任秦教授为特约编纂，主译西洋名著。此两计划方开始，因书局迁台而中止。另有一项贡献，那便是在沪局紧张，正中书局将迁台湾时，所有纸型装箱待运，编审部同人不肯同迁而要留下纸型。其理由为（一）将来书局易手，而纸型不在，彼等将受究问。（二）纸型运走，将来书局不能继续营业，彼等生活将生问题。此等理由，实不成理由。但当时情势汹汹，非有解决办法纸型不能安全运出。我当时决定将相同纸型两套，一套运台，一套留沪。迁台一套由我出一手条说明是由我作主迁台，由我负一切责任。这样才将各书纸型一全套迁台。正中在台最初复业，靠此一套纸型印书，得以维持与发展。这算是我当机立断，对书局一项小小的贡献。

民国三十八年四月，政府在情势危急时改组。杭立武先生继任教育部长，政务次长一职多方物色，未得适当人选。在那危难情势之下，杭部长以大义责我，他说在对日抗战时我不避艰危，为了抚辑流亡，恢复弦诵，出任高教司长，现时艰危情形更甚于前，为了教育，为了国家，需要我相助，不可推辞。我感于杭部长的激励，所以便再作冯妇。先在南京就职，没有几天，便随政府迁移广州。数月后又迁重庆，仆仆道途，所做的多是抚辑流亡和维持学校的工作。在"部"未及一年，因时局逆转而疏散，留居香港。我在"政次"任内，协助杭"部长"主持"部"务，可叙之事约有数端，一为相助物色"司长"如"普通教育司"胡司长家健，一为"高等司"黄司长龙先，均甚得力。一为赴昆明解决云南大学风潮。由于云南主席卢汉的立场反覆无定，所以云大内部也随之不安，反政府的分子乘机发动风潮。在一九四九年十月间卢汉反正，云大风潮未息，我奉命前往解决。那时卢汉反正不久，中央并无重军在云南境内，中央人员当时在昆明的除我而外，只有"军部"的萧毅肃将军和中央宣传部的任副部长卓宣学长。卢汉虽然三日五日一宴，但是态度极闪铄，随时有再变的可能。我们处理所负任务很感困难，并且随时有安全问题。所幸云大员生，大部分对于我尚有信任心，所以风潮勉强平息。我留下同去之任泰督学维持校务，飞回广州，其时"政府"又正作迁渝之计。我替"教部"所做另一重要工作，便是当杭"部长"在台公干时间，我主持将"教部"迁渝，权摄"部"务。这次"教部"办公处仍设川东师范学校之内。旧地重临，实不胜今昔之感。

我自渝疏散飞港，在港暂留。其时北大同事钱宾四教授，"教育部"同事张丕介教授和中大毕业同学唐君毅教授正筹办新亚学院，约我参与其事。我觉得这种结集学人，维护文

化的教育工作，很有意义，所以也加入共同筹备。在筹备期间
关于商议书院名称，向教育司署立案，及筹措一部分经费，曾
略尽棉薄。书院成立后，我只担任教学，先后教心理学、伦理
学及教育概论三课。教学仅凭记忆及少数参考资料，至今全
部讲稿犹存，但内容并不满意。当时新亚书院只设在桂林街
楼宇的两层，学生只有几十人。教职员除钱先生任院长，唐先
生任教务长，张先生任总务长均兼教授外，其他像我只任教
授的，也只有三五人。学校经费没有的款，只靠各方面捐助。
教职员待遇极为菲薄，有时几月不能发薪。我还要同时在珠
海书院兼课维持日用。所有师生，在此种艰苦情形之下，讲学
论道，弦诵不辍，奠立了后来发展成为有名学府的基础。

　　我在新亚任教近两年时，在一九五一年冬季，应"教育
部"电召赴台，被任为赴巴黎出席联合国文教科学组织大会
的代表。在巴黎会后返台，经正中书局留任编审委员。因此，
我离开新亚在台湾定居。这时正中书局有旧日友好周鸿经、
张廷休、刘季洪诸兄分任董事长、总经理和总编辑各职，我
回局重理旧业，很感愉快。我最初主编一套华侨学校课本，
主旨在使华侨子弟获得必需的知识而外，并能认识与向往祖
国。此书在海外销行，达几百万册，很有影响。我后来复任总
编辑，编辑各科教本，收印各种学术专著，并将已出各专著
连同新稿，编印正中文库，尚能配合经理部门，使书局业务
有相当发展。

我在书局编务以外，还兼任各种教育工作。我曾在台北师范大学短期兼课，在革命实践研究院任导师好几期。其中有一期为曾在重庆受训的高级班。当时任教育组的导师有三位，除我外，有程天放、罗家伦两位先生，他们已经作古了。

一九五四年"行政院"改组，张晓峰学长被任命为"教育部长"，他征求我的同意，担任"政务次长"。我进"教部"两次，历尽艰辛，本无意三度从政。可是他告诉我原来他曾向俞"院长"推荐我担任"部长"的（事前我全不知道），不料大命却降到他的身上，劝我相助，再为教育尽力。在这种情形之下，我实在不便推辞，所以便三度作冯妇。在"部"四年襄助张"部长"，主持"部务"。他是富有创作性，有热忱魄力，不怕艰难险阻，勇往直前的人。他在教育措施上力大愿弘，很与陈前部长相似，但是他作事之勇猛有时过于陈先生，而沉着稳健稍逊，所以若干政策因决定敏速，往往遭遇阻力，但持以毅力，终于盘根错节底于成功。他们两位的公而忘私的精神，完全相同。因为国家及政治的情境前后不同，陈前部长长部的成就，多于张"部长"。可是陈部长任内所开创的事业有若干已经停顿了的，在张任几乎完全恢复。例如统一招生，学术审议与奖励，中国医学研究所，中央图书馆等等，都是早已停顿而由张"部长"任内恢复或积极进行的。张任还新创了几所教育机构如科学馆、艺术馆、历史博物馆、教育资料馆、清华大学原子能研究所等等。张"部长"所力主试行的小学毕业生免试升学初中的计划，并为后来的九年国民义务教育，立下始基。我从旁赞襄，对内对外，曾尽其棉薄。尤其是向"立法院"作解释与说服的功夫，曾使预算和若干法案顺利通过。

我除在"部"内襄助行政外，还有几次出国参加会议和处理公务。一九五四年冬季，联合国文教组织在乌拉圭开第八次大会。因为地利人和的关系，我推荐以原在乌拉圭宣传中国文化的李石曾先生为代表团长。我亦受任命代表"教育部"为团员之一。在出席大会期间，和在前几次大会一样，我方遭遇两个困难问题：一为出席权问题，共产国家照例要提议否认我方的代表权，妄称我们不能代表中国。此次苏联参加大会并拉来波、捷、匈三国，形势格外险恶。我们在会外先向有关代表疏通，苏联提议被否认，而我保有出席权。其次为投票权，我方因积欠会费三百七十万美元，照章不能有投票权，已往各次会议我方都只缴象征会费五千镑而援用会章第四条C项之规定（凡因不可操纵之原因而不能缴费者经大会通过可以投票），请大会决议得以勉强保有投票权的。但每年都成问题，不是根本的解决办法。此届大会，因为苏、波、捷、匈的加入为会员国，各会员国应缴会费将重新分配。日本代表，我在来南美经过日本时曾先与联络，他对我方不胜负担会费情形甚为同情。在用新公式计算各国应缴会费数时，他在会费委员会中，提议将我方会费由总会费的百分之五点七减至百分之〇点一六。较现缴相当于总会费百分之〇点一四的象征会费相差无几。我代表团李石曾团长及多数团员对此减费，均表赞同，惟有我驻南美一个大国的"大使"，代表"交部"出席的某团员，独持异议，认为减少会费将降低国际地位，可是我方参加联合国卫生组织的会费，早有减费先例，并未影响国际地位。在相持不决间，会费委员会开会对我减费问题投票结果是二十二票对二十二票未能解决，照章要在四十八小时后再投票。当时我们多数团员都主张在会外积极疏通，倘能增多一票，即可通过减费。可是某团员仍然坚决反对，并声言如我代表团会外疏通达到减费目的，彼即去电"外交部"退出本团，态度决绝无商量余地。李团长恐引起分裂，且时间迫促，亦不及向当局请示，不得已听其自然，不作积极活动。会费委员会第二次投票结果赞成票二二对反对票二四。我方减费案遂未能向大会提请通过。我们坐失良机，殊为可惜。但后来经过数年，减费案终提出通过。某团员当时不细察实情，胶执己见，力排众议，未免"贻误国事"的不良印象，至今犹留在我的心目中。至于此次大会我方投票权还是援用会章第四条C项勉强通过。投票权通过时，大会已将闭幕，使用该权的机会已经很少了。

联教组织大会会毕，我于一九四五年年终离乌国赴纽约处理几项公务。在飞北美途中曾经过秘鲁、巴西、阿根廷三国参观当地华侨学校并向华侨团体讲话。我到纽约以后曾主持成立"教育部"在美教育文化顾问委员会。这个会是"教育部"在美联系中国学人及辅导留学生的机构。乘我到南美开会之便来纽约,于一九五四年十二月廿九日成立该会。该会主任委员为梅贻琦先生,并有委员十四人,其中有郭秉文先生与胡适先生。

我在纽约处理另一公务,便是与清华大学梅校长及中华教育文化基金会洽商清华基金利息管理及分配办法。清华基金为数甚钜,所有权属于"教育部",系由"教育部"委托中华教育文化基金会代为保管。基金向不动用,过去息金是由在美人士提出分配数由"教育部"核准,补助教育文化机构。当时台湾外汇困难,各教育文化机构需要补助者很多,一部分"立法委员"和各文教机构希望"教育部"将清华息金作客观公允的分配。张"部长"要我在乌国开会后到纽约与有关方面洽商办法。经过与梅校长及基金会的接洽获得结果。此后清华基金利息由清华校长向保管机关中华文化教育基金会按期领取交纽约中国银行,作为"教育部"清华基金利息专款存储。由"教育部"根据我方在国外及在台湾省各教育文化事业的需要决定补助金分配表,并签发支票,由各受补助的学校或机关向纽约中国银行领款。此种办法实施后,各方面多满意。可是不久"教育部"令清华大学在台创设原子能研究所,因经费短缺又将清华基金利息全部分配该研究所作为经常费用。"教育部"最初的统筹分配办法,原系一本大公为所应有受补助的教育文化事业着想，但也因此引起一部分人的不满，亦可见公家事之难为。

一九五七年七月，我曾被派为出席第二十届公共教育国际会议首席代表。同时我以中国教育外学会理事长资格被邀参加美国教育协会（National Education Association）百年庆典，并代表"教育部"致贺而于六月间先到美国Philadelphia赴会。曾作简单演讲。随即转往日内瓦出席公共教育国际会议（International Congress of Public Education）。此次参加会议者有八十二国。我在会中曾报告我方教育概况并答覆问题，会后并参观几个国家之教育资料展览室。在会议开幕时，苏俄照例反对我方代表出席资格，经我驳斥，大会对俄动议未予理会。此国际会议系由联教组织与日内瓦的国际教育局（Bureau International de l'Education）所共同召集。国际教育局的负责人系国际著名的心理学教授皮阿谢（J.Piaget）。他是亲共的学者，有意邀中共加入该局为会员国。如果实现，便会影响我方出席公共教育国际会议的资格，所以我们先发制人，申请加入该会为会员方。该局理事会以申请已迟为借口，延期讨论。但我方申请，留在该局，可以减少中共亦作同样申请之可能性，亦有其作用。我历次参加的国际文教会议，都感觉政治斗争胜过文教问题之考虑，对于这些文教组织，十分失望。

一九五八年春季，"行政院"改组，张"部长"去职，我

亦连带辞职。梅贻琦先生继任"部长"，曾要我留任。我因
所司为政务，应避贤路，且身心过劳，也需要休息，遂婉谢梅
"部长"的好意。后来曾担任"国防研究院"讲座，并任政治
大学文学院长兼教育研究所教授一年，愧少贡献。中间又曾
经"政府"派为出席联教组织大会代表。此为我第三次出席
该组织大会。一九五八年冬季我与团长浦薛凤"次长"赴巴
黎开会，一九五九年经美国返台。此次大会，我方所遭遇的
困难问题，还是代表权与投票权的问题。我在会外帮助我方
各代表向各国代表"拉票"，这两个问题，又暂时顺利解决。
我因此更感此类国际组织退化为政治斗争的舞台，失去原来
的意义。后来我方迫于情势，退出该组织，实际并无足惜。

我在此次联教组织开会期间，个人有一收获，即是我的
论文《杜威教育学说》，经过沃仁哲学书店收为哲学史丛书，
再版出书。巴黎开会经美返国后，我在政大任教至一九五九
年暑假，获得亚洲协会的资助赴美继续研究杜威的教育哲
学。我的教育生涯，又从实施教育，转变到研究教育。

研究教育，乃是我的最大兴趣所在。抵美以后首先到
美京华盛顿，在国会图书馆附近赁居公寓，每日到图书馆研
究。对于杜威著作，作深入的探讨，并对批评杜威的著作，
也广为涉览。过去我历次到美都感觉杜威在教育方面的声
望逐渐低落。此次则发现他的声望降落到最低点，实出乎意
外。我研究的目的，在对于杜威的教育哲学，重作客观公平

的评价。研究的结果，发现当时教育对于杜威的批评甚至诋毁，所根据的教育理论和实施的流弊，大部分实应归咎于实行杜威学说的人的误解，或趋向极端，而不能归咎于杜威学说的本身；至于杜威教育学说的本身，由于出于他的实用主义或工具主义的哲学的引伸，实用主义或工具主义的制限，在他的教育理论实施上，也不免同样表现，也有可议之处。我根据研究的结果写成论文（A Re-Evaluation of the Educational Theory and Pratice of John Dewey），后来发表于美国一教育荣誉学会Kappa Delta Pi所出版的《教育论坛》（Educational Forum）一九六一年三月号。这论文对于杜威教育学说，作持平的辩论与批判，所惜论文完成时，杜威早已去世，我不能再像过去一样向他请教与质证。可是论文发表后，得着美国研究杜威的学者在其著作中称引，并得国际的杜威专家，引为同调，这是值得自慰的。

我和新亚钱校长本有成约，在适当时间，再将回新亚任教。这次我在美国研究告一段落时，钱校长叠来函电要我践约返校。我本已决定践约，因香港签证迟延，未能成行。可是在一九五九年耶诞前数日，英国驻纽约副总领事Mr.Maby忽邀我午餐。在用餐时向我说明入港签证已准，可即办手续，并代香港教育司Mr.Crozier向我致意，因为新亚书院将为新立大学基础成员之一，学校行政方面，需人相助，所以欢迎我早日来港就职。香港教育当局的欢迎，增强我将来工作顺利的信心，所以我便于一九六〇年一月离美到校任职。我在新亚任职前后共约十二年。新亚是我一生服务最长的机构。我第一次任教约两年，我第二次来校，前四年半任副校长，后五年中有一年是代理校务，有四年是继任校长。在副校长任内，辅佐钱校长主持校政。这时正是由受助学院蜕变到参加组织中文大学，成为一基础学院的时期。在过程中校务特别繁剧，我在辅佐地位，对外折冲，和对内协调，使学校得以顺利发展。中文大学组织成立以后，钱校长因为办学宗旨与当局不合而辞职。我与钱校长表同情，决定同去。后因完成钱校长去职前休假计划，短期留任代理校务。由于在此以前，早已与夏威夷大学东西中心签有合约，前往参与资深专家研究计划，不便违约，因将留夏威夷期限由一年商改为半年。于一九六四年九月往该校工作，校务暂由代理副校长萧约先生代理。我于一九六五年春季离开东西中心返校继续代理校务至钱校长休假期满为止。在此以前原已辞谢董事会真除校长之议，准备与钱校长同时去职。可是继任校长，迄未物色得人。校务委员会同仁，鉴于学校当时危难情形，认为校务一日不可中断，因责我以大义，勉强我继续维持校务，并依章向董事会推荐为校长，经过董事会通过。我因为同仁和董事诸公敦劝，不得已改变初衷，于一九六五年七月正式就任校长，三年聘约期满后，因继任人选未得，又延长一年，至九六九年七月退休。

我在"东西中心"工作的经过，值得补叙。我的工作分两部分。一部分是和夏大资深教授Dr.Robert W.Clopton共同主持将杜威在华讲演，由中文还原为英文的工作（原讲无英文稿，英文大纲亦不存在）。一为研究杜威在华演讲及其影响专题。杜威演讲中关于"教育哲学"和"社会政治哲学"两种译稿，在"中心"完成，后来由夏威夷大学出版部印行。书名John Dewey, Lectures in China, 1919-1920。（其余三大讲演以及所有其他短篇讲演，在我离开"中心"后，Clopton教授，和我继续合作，完全译成，全稿现存夏威夷大学图书馆，尚待印行。）书前导言，系由我与Clopton合写。内容大部分取材于我的《杜威在华演讲及其影响》专题论文。我的那篇专题论文，曾经节要发表在南意利诺州大学的"杜威研究中心"所出版的《杜威著作导读》（Guide to John Dewey's Works）。全文的中译稿，发表在《东方杂志》。我在"中心"研究时，依规定可以抽出时间访问美国大陆。我曾访问"杜威研究中心"，参加关于分期出版杜威全部著作的计划的讨论。我在此研究中心，曾在招待我与内子的酒会中与知名的杜威学者George Edward Axtell, Childs, Counts, Lewis E.Hahn, S.Morris Eames, Jo Ann Boydston诸位教授晤谈，也是难得的机会。

在新亚任职期内，我关于国际教育活动，除了参加了夏威夷大学东西中心而外，还先后于一九六二年参加了"杜威学会年会"，于一九六七年参加了美国詹森总统所召集的"国际教育会议"，于一九六八年参加了在支加哥大学举行的"人类教育会议"（The Education for Mankind Conference）。

我在新亚校长任内，大抵继承已有的规模，很少特别成就。我就任后曾宣布行政"三公原则"：公开、公平，和公决。新亚校务不但对全校公开，还对社会公开，所有会议纪录，经费预决算和校务报告，无有一件作为机密文件，人人可以取阅。对于教职员的聘任、升级、休假与进修，均由有关会议公平处理不渗杂校长的任何情感因素。关于学校政策及重要事件，除由董事会决定者外，均分别由校务委员会与教务委员会讨论公决。校长只负提出建议和执行的责任。不以个人的意见专断校务。这三公原则，我此时反省，是始终遵守的。新亚书院之能成为像样的一所高等学府，我相信一部分由于这原则的遵守。因为如此，新亚才能尊师重道，成为一个学人团体，才能以行政为教育与学术服务而不曾成为官僚机构，这是我引以自慰的。

我在教育机构为要以身作则，还注意克己的功夫。我公私分明，未尝妄用公款一文，也未尝任用一私人。我没有以法规许可的最高额租金租赁住所。我在去职前数月，才依大学正式的规定，以校车代步，其使用限于公务。学校办公室未普遍装置冷气机以前，校长室虽有装设的特权，我未尝使用这种特权。我直到去职前数日，还在大学为新亚的办公室和图书馆争取冷气机。这些小节，硁硁自守，也许不足道。做大事的人也许不必拘此小节。但是我既未能做大事，叙此小节，也许可对我的教育生涯，作一清楚的交代。

我在校长任内的校务进行，均详载逐年的校务报告中。由于新亚书院组织条例经过立法局通过，组织规程也已经注册，新亚的法人地位，得以建立。董事会改组，唐炳源先生与李祖法先生被推为董事长与副董事长，并新增许多董事，新亚的主管机构格外健全充实。由于教职员的尽心任职，学生的专心向学，学校成绩有相当好的具体表现。衡量大学院校的成绩，不全凭它的恢宏的校舍，丰富的图书设备和众多的师资，还要凭学生的成绩和教员研究和著述的结果。衡量学生的成绩，依考试的结果，并非理想的办法。但除此尚未有更好的客观办法。新亚学生在历年大学学位考试中颇能有良好的表现。举例而言，一九六五——六六年度，大学学位考试开始颁给优良学位，全校得此学位者四十六人，本校学生占二十二人，几及全数之半。一九六六——六七年度，大学颁给优良学位，及优异学位。在全校总数六十九个优良学位中，新亚学生占二十九个，当总数百分之四十二；八个优异学位中新亚学生获得四个，当总数百分之五十。一九六七——六八年度，新亚学生所获优良学位，占大学全部优良学位百分之四二·七。所获优异学位，则占大学全体优异学位百分之六十。一九六八——六九年度，大学颁给荣誉学位，改为三级。新亚学生获得第一级荣誉人数占全体得此荣誉者百分之四十八；得第二级甲等荣誉者占全体得此荣誉者百分之四十二；得第二级乙等荣誉者占全体得此荣誉者百分之四十。学位考试成绩，并不能代表学生的全部成绩，但亦可见一斑。且历年保持此纪录，似非幸致。尤其难能者除少数学系而外，新亚所收新生，并非都是优秀之第一志愿学生。经过四年之培植而有此结果，师生教学之辛勤，亦可想见。

新亚毕业学生获得英、美、加大学奖学金而在国外研究院深造者其人数与成绩历年亦保持良好之记录。我可举生物系毕业生作一特例。生物系历年毕业生共约一百五十人，其中有半数之多取得奖学金在英、美、加三国深造。在过去一个时期中，平均每年有五人得博士学位。此虽不能代表全体毕业生之进修成绩，但本科训练之培植良好基础，亦可见一斑。至于教员研究与著述之结果，不能详列。惟可以概括而言。关于人文学科有若干权威著作出版。关于商科出版有很多合于教科及参考用的课本。关于科学，有许多在世界有名科学杂志发表的论文。可见我校教师在辛勤教学以外，不废研究与著述。

综观过去几年师生成绩，可见新亚尚不失为水准不差的高等学府，而我过去适滥竽主持校政。事后追忆，实不胜欣幸。

一九六九年七月，我自新亚书院退休，但是退休之后，还没有离开教育的生涯。我仍然是新亚书院董事会的一员。我在校时一向尊重中大联合体制，维护新亚法定组织与地位，珍惜新亚精神。离开新亚以后，仍以新亚董事、教育学者之身份继续为此等理想而努力，使我所爱护的新亚书院与中文大学得有合理的发展。一九七一年我曾以专家资格，被邀出席"我国教育部"召集的第五次全国教育会议。

我退休以后，对于教育研究与著述，也未中断。我曾将过去所发表的有关教育与文化论文，重加编选，出版一部《教育与文化论文选集》。曾发表几篇关于教育哲学的论文。曾将已出版三十多年的《教育哲学大纲》，增加新篇，印行增订本。如健康许可，还将撰写一部综合性的教育专著，叙述由于过去研究和经验而得的关于教育所有信念，以供后来从事教育研究与实施者的参考。

从以上冗长的教育生涯的叙述，可见六十年中，我经历的事情虽多，但是在教育学术上，并没有建立任何体系，在教育实施上，也没有甚么辉煌的事功。所以如此，一方面由于为本人才力与识见所限，一方面也由于为时代及遭际所限。个人自审，智慧仅及中人，无论治学与治事，承先启后，勉可胜任，开创新局面则不足。加以出生寒家，一切全凭独力奋斗，无有任何倚傍和凭藉，所以发展也有局限。曾有友人用韩文公的话"其所凭依，其所自为"作我的写照。自为的凭依，究不若人为的凭依的事半功倍。生在这忧患的时代，兵慌马乱，播迁不遑，不得安居从容求学问与事业的发展，遭际困人，也是无可奈何之事。可是退一步着想，以我先天的智力，和后天的遭际，能从千百万如我的平凡人群中，有以自拔，而有今日些微的成就，也聊堪自慰。

我在前文，曾说及我是一个对于教育有恒心并有信心的人，证以以上六十年生涯的叙述，我并未言过其实。我始终没有见异思迁离开教育的岗位。我的没有离开教育岗位，并不是相信教育万能而是确信对个人而言，在其先天智慧和后天环境限度以内，教育可以发生很大的效果。对社会而言，固然单凭教育的力量不能改造社会，有时社会还限定了教育。有甚么样的社会体制，便产生甚么样的教育制度，这是社会学和历史所明白显示的。可是教育力量如与其他力量配合，对于改造社会也未尝不能发生效果，这也是社会学和历史所昭示的。由于我相信教育对于个人和社会的改进，具有限度的效力，所以我对于教育工作心始终锲而不舍。从我过去的六十年的教育生涯，可以证明我是一个对于教育有信心有恒心的教育者。我缕述以往的生涯，深盼从事教育者对于教育也有如我的信心和恒心，庶几对于改进个人和社会可以收到实效。

还有在我的生涯的叙述中，也涉及了许多当时的人物，其中有不少可以供我仿效的，也有可以供我们借镜的。我的这篇片段的自传，或亦可供读者知人论世尚友之一助。

关于我的教育见解，我本无意在这篇自传中作系统的陈述，但是东鳞西爪，也可窥一二。我的见解，是随着时代而作合理的变迁的。并无胶执不变的理论体系。我始终承认教育为一种实际工作，应因时因地因人而制宜，不应固执理论体系而自限。因此我对他人学说，也依此观点，持批判的态度。即如我对于杜威，虽然我始终认他为值得钦佩的一个伟大教育家，但是并不盲目信奉。我对于杜威学说，始而全部信仰接受，继而作若干保留与修正。始而对于他的学说，在实施上发生缺点，加以批评；继而在他的学说，受到不公正的攻讦时又加以辩护，皆出于同一批判的态度。我国过去教育只是模仿东西各国制度与方法，朝定夕改，趋新骛奇，收效不大，实由于对于东西教育批判的态度的缺乏。我希望借上文使我国从事教育者在教育理论与方法的研讨与实施方面，亦能采取批判的态度。

我以上的种种希望，如能因这篇文字的流传而实现，则连篇累牍的写作，可算是功不唐捐了。

数年前我曾作自述诗篇，其中多涉及我过去教育生涯，特附录于后，作为本文的结束。

庚戌自叙

七十古来稀,耆耋今多有。马齿日加增,老大何所守?读书尚古人,涉世存忠厚。用舍慎行藏,取与严辞受。悠悠历岁时,所守期不负。贤良未易登,但愿少悔咎。

我生自寒家,家世安儒素。先祖青一衿,先公场屋误。累代事舌耕,食贫惟德裕。余荫逮子孙,志节励贞固。母氏何劬劳,离乱年光度?白门悲松楸,何时得展墓?

贫贱百事艰,兴家赖内助。子女教养成,我得蠲思虑。有子祖业承,力学名渐著。奋翮思不群,老眼望高骞。两女俱远游,成家各有处。何时聚故园?茫茫待天曙。

少小受诗书,严父兼外傅。稍长学为师,乡校迹暂驻。宾兴至南雍,幸登扶摇路。三年育英才,欧陆更迈步。学问天地宽,驰驱乐骋骛。师友多玉成,声名得所附。

旧京拥皋比,教学诚相长。所遇多贤豪,气象何泱泱?议论肆纵横,令我心胸广。抗颜下帐帷,多士膺函丈。埋头撰讲章，后学庶有放。一篇广流传，微幸微名享。

再作海外游，北美博咨访。新知探本源，问学向宗匠。归来满烽烟，庠序半荒旷。受征入教部，迁地设帷帐。菁英万千人，有教复有养。八年响弦歌，胜利终在望。

苦胜亦可悲，孔席未暖燠。再次奉征书，流亡舟车满。播迁到巴渝，国运游丝断。仓皇辞陪都，香岛暂就馆。荜路启山林，学统共承缵。作始虽艰难，程功未尝缓。

赴难入台员，余勇尚可贾。人俦初置身，书馆与学府。生事差可安，三征入教部。府主愿力弘，辅弼多建树。政海兴波澜，四年得解组。讲学归上庠，抛荒惭少补。

重行至美洲，更理杜威学。栗六二十年，再感读书乐。述作初成篇，东来贱宿诺。海外再弘文，十年振木铎。往事历艰辛，私衷终落寞。力竭卸仔肩，校事欣有托。

稀年记生平，理得心自泰。息影在山林，朝夕接芳霭。门少长者车，食有江南脍。学问与事功，俱置八纮外。天地方混沌，安得返征旆？与妇共举觞，乐生无怨艾。

（全文完成于一九七五年一月）